«*Manso y humilde* proviene de la plum... ciado de la lectura de los puritanos, sino que, lo que es más importante, ha leído la Biblia bajo su tutela. Un libro corto nunca puede ser suficiente para transmitir toda la gloria del carácter de Cristo, pero este ejemplar descubre hábilmente algo que a menudo pasamos por alto: Cristo es manso y humilde de corazón y da descanso a aquellos que están trabajados y cargados. Escrito con delicadeza pastoral y hermosa tranquilidad, revela las contribuciones de 20 textos bíblicos a este retrato del corazón de Cristo que brinda consuelo, fortaleza y descanso a los creyentes».

D. A. Carson, profesor emérito del Nuevo Testamento, Trinity Evangelical Divinity School; cofundador, Coalición por el Evangelio.

«En esta oportuna obra, Dane Ortlund dirige nuestra atención a la persona de Jesús. Basado en las Escrituras y recurriendo a lo mejor de la tradición puritana, Ortlund nos ayuda a ver el corazón de Dios tal como se nos revela en Cristo. Nos recuerda no solo las promesas de descanso y consuelo, sino también la perspectiva bíblica de Jesús: un Rey amable y lleno de gracia».

Russell Moore, presidente, Comisión de ética y libertad religiosa de la Convención Bautista del Sur.

«El título de este libro inmediatamente evocó en mí una sensación de anhelo, esperanza y gratitud. El mensaje que contiene es un bálsamo para cada corazón que se siente abrumado por el pecado o la tristeza, ya sea desde adentro o desde afuera. Es una invitación a experimentar los dulces consuelos de un Salvador que se mueve hacia nosotros con ternura y gracia, cuando sabemos que merecemos todo lo contrario».

Nancy DeMoss Wolgemuth, autora; maestra y anfitriona, Aviva nuestros corazones.

«Mi vida ha sido transformada por las hermosas y asombrosas verdades de este libro. Dane Ortlund alza los ojos para ver el corazón lleno de compasión de Cristo por los pecadores y los enfermos, lo que demuestra que Jesús no es un Salvador renuente, sino uno que se deleita en mostrar Su misericordia. Si te sientes herido, cansado o vacío, este es el bálsamo para ti».

Michael Reeves, presidente y profesor de teología, Union School of Theology, Oxford, Reino Unido.

«En el camino áspero, rocoso y a menudo oscuro entre el "ya" y el "todavía no", no hay nada que tu cansado corazón necesite más que conocer la belleza del corazón de Jesús. Solo esa belleza tiene el poder de opacar todo lo malo que encontrarás en el camino. No he leído ningún libro que muestre el corazón de Cristo con más cuidado, profundidad y ternura que lo que Dane Ortlund ha escrito. Como si estuviera escuchando una gran sinfonía, me conmoví de diferentes maneras en distintos pasajes, y me sentí enormemente bendecido al saber que lo que se describía era el corazón de mi Salvador, mi Señor, mi Amigo y mi Redentor. No puedo pensar en nadie de la familia de Dios a quien no le sería de gran ayuda pasar tiempo contemplando el corazón de Jesús a través de los ojos de un guía tan talentoso como Ortlund».

Paul David Tripp, presidente, Ministerios Paul Tripp; autor, *Nuevas misericordias cada mañana* y *My Heart Cries Out* [Mi corazón clama].

«Los puritanos tenían prácticas centradas en Cristo: abrazaron la Biblia como un salvavidas, la ejercitaron como un músculo y confiaron en ella como un chaleco antibalas. Sabían cómo odiar su pecado sin odiarse a sí mismos porque entendieron que la gracia de Cristo es la de una Persona siempre presente, una Persona que entiende nuestra situación y nuestras necesidades mejor que nosotros. Ellos entendieron que sufrimos a causa del pecado. Dane Ortlund maneja magistralmente un tesoro de sabiduría puritana y lo presenta hábilmente al lector cristiano. Lee este libro y ora para que el Espíritu Santo te revele a Cristo como lo entendieron los puritanos, y te sentirás renovado para comprender la gracia de Dios de una manera completamente nueva».

Rosaria Butterfield, exprofesora de inglés, Syracuse University; autora, *El Evangelio viene con la llave de la casa.*

«"Es tan fuerte que puede permitirse ser manso". Esa vieja frase de una película es más que un sentimiento sin importancia cuando consideramos la precisión teológica y el corazón pastoral de Dane Ortlund, quien describe el corazón de Dios hacia aquellos que son débiles y pecadores, o están enfermos y desesperados. Las ideas de *Manso y humilde* son verdaderamente un río de misericordia que fluye desde el trono de Dios, a través de grandes pastores del pasado, y hacia un ministerio precioso y poderoso para hoy».

Bryan Chapell, pastor principal, Grace Presbyterian Church, Peoria, Illinois.

«Bastaron solo unas pocas páginas para comenzar a percatarme de lo inusual y esencial que es este libro; es una exposición del corazón de Cristo. El resultado es un ejemplar que nos sorprende con la gran abundancia y capacidad de Su amor por nosotros. Impresionante y curativo en igual medida, ya es uno de los mejores libros que he leído».

Sam Allberry, apologista y orador, Ravi Zacharias International Ministries; autor, *7 mitos sobre la soltería.*

«Dane Ortlund escribe sobre lo que parece demasiado bueno para ser verdad: el Señor se deleita en mostrarnos misericordia. Por esta razón navega con mucho cuidado a través de textos clave y solicita la ayuda de los santos del pasado. Fui persuadido, y espero ser persuadido una y otra vez».

Ed Welch, consejero y miembro del personal, Christian Counseling & Educational Foundation.

«Dane Ortlund nos lleva al corazón de Dios encarnado, no solo lo que Jesús hizo por nosotros, sino también lo que *siente* por nosotros. Así es, siente por nosotros. Anclado en las Escrituras y basado en el puritano Thomas Goodwin, este libro es una medicina para los corazones rotos».

Michael Horton, profesor de la cátedra de J. Gresham Machen de teología sistemática y apologética, Westminster Seminary California.

«Dane Ortlund nos ayuda a redescubrir el corazón de Jesús, que es el corazón del evangelio. Este libro encantador abre la inmensidad del tierno amor de Jesús por nosotros. Cuando te sumerjas en el corazón de Cristo, encontrarás que tu propio corazón es acogido por el fuego del amor de Dios. Ortlund abre un tema hasta ahora descuidado entre los puritanos (en trozos pequeños que no te abrumarán), donde descubrirás su comprensión de la belleza del amor de Jesús. Tu alma necesita este libro. Lo recomiendo ampliamente».

Paul E. Miller, autor, *Una vida de oración* y *J-Curve: Dying and Rising with Jesus in Everyday Life* [Morir y resucitar con Jesús cada día]

Dane Ortlund

MANSO

y

HUMILDE

El corazón de Cristo para
los pecadores y heridos

Dane Ortlund

MANSO

y

HUMILDE

El corazón de Cristo para
los pecadores y heridos

ESPAÑOL
BRENTWOOD, TENNESSEE

Dedicado a Hope

Lucas 18:16

Paternalmente nos cuida y nos perdona
Aunque conoce nuestra débil condición
Con ternura, en Su mano lleva nuestra persona
Nos rescata de la boca del león.

H. F. LYTE, 1834

Índice

Introducción

ESTE ES UN LIBRO sobre el corazón de Cristo. ¿Quién es Él? ¿Quién es *realmente*? ¿Qué es lo más natural para Él? ¿Qué siente a medida que se acerca a los pecadores y a los que sufren? ¿Qué fluye desde Su corazón de manera libre e instintiva? ¿Quién *es* Él?

Este libro fue escrito para aquellos que están desanimados, frustrados, cansados, desencantados, con una actitud cínica y un hueco en el corazón; para aquellos que sienten que corren en medio de la neblina. Aquellos que perciben sus vidas cristianas como si estuvieran yendo cuesta arriba en una escalera mecánica que va en sentido contrario. Aquellos que pensamos: «¿Cómo pude equivocarme tanto… otra vez?». Este libro responde a esa creciente sospecha de que la paciencia de Dios con nosotros se está agotando. Fue escrito para aquellos que sabemos que Dios nos ama, pero sospechamos que lo hemos decepcionado profundamente. Para aquellos que han contado a otros sobre el amor de Cristo, pero al mismo tiempo se preguntan si Él está resentido con ellos. Aquellos que se cuestionan si se han descarriado más allá de todo posible retorno. Aquellos que están convencidos de que cada vez son menos útiles para el Señor. Aquellos que se han dejado llevar por el dolor desconcertante y se preguntan cómo el mundo puede seguir viviendo bajo una oscuridad tan adormecedora. Aquellos que miran nuestras vidas y concluyen que Dios es fundamentalmente parsimonioso.

Este libro está escrito, en otras palabras, para cristianos normales. En resumen, es para pecadores y personas que sufren. ¿Cómo se siente Jesús sobre estas personas?

Esto puede generar algunas dudas. ¿Estamos humanizando demasiado a Jesús al hablar de Sus sentimientos de esta manera? Desde otra perspectiva, ¿cómo se relaciona el corazón de Cristo con la doctrina de la Trinidad? ¿Se relaciona Cristo con nosotros de manera diferente que el Padre o el Espíritu? ¿O estamos exagerando si preguntamos qué es lo más importante sobre el carácter de Cristo? ¿Y qué relación hay entre Su corazón y Su ira? Una vez más, ¿cómo encajan los sentimientos de Cristo con lo que encontramos en el Antiguo Testamento y la imagen de Dios en él?

Estas preguntas no solo son legítimas, sino también necesarias. Entonces, procederemos con el cuidado teológico requerido. Pero la forma más segura de conservar la fidelidad teológica es apegarse al texto bíblico. Simplemente, preguntaremos qué dice la Biblia sobre el corazón de Cristo y consideraremos la gloria de Su corazón para nuestras propias vidas.

Pero no somos los primeros en leer la Biblia, ni los más inteligentes. A lo largo de la historia de la Iglesia, Dios ha levantado maestros excepcionalmente dotados y experimentados para llevarnos a los pastos verdes y aguas tranquilas de quién es Dios en Cristo. Un período de la historia particularmente importante en el que Dios proporcionó maestros bíblicos audaces fue la Gran Bretaña de 1600 y la era de los puritanos. Este libro sobre el corazón de Cristo no existiría si no me hubiera encontrado con los puritanos, y especialmente con Thomas Goodwin. Goodwin, más que nadie, me ha abierto los ojos a quién es Dios en Cristo, especialmente para los pecadores veleidosos. Pero Goodwin y los otros a quienes hago referencia en este libro, como Sibbes y Bunyan, son canales, no fuentes. La Biblia es la fuente. Simplemente, nos muestran con particular claridad y comprensión lo que la Biblia nos ha estado diciendo todo el tiempo sobre quién es Dios en realidad.

Y así, la estrategia de este libro será simplemente tomar un pasaje de la Biblia o un poco de enseñanza de los puritanos u otros y considerar lo que enseña sobre el corazón de Dios y de Cristo. Consideraremos a los profetas Isaías y Jeremías, los apóstoles Juan y Pablo, los puritanos Goodwin, Sibbes, Bunyan y Owen, y otros como Edwards, Spurgeon y Warfield, quienes presentarán sus enseñanzas sobre el corazón de Dios y el corazón de Cristo. La pregunta dominante es: ¿Quién *es* Él? Habrá una progresión bastante natural a través del libro de capítulo en capítulo, aunque no tanto como un argumento lógicamente construido, sino más bien será como mirar un diamante, el corazón de Cristo, desde muchos ángulos diferentes.

Una cosa es preguntar qué ha hecho Cristo. Y hay muchos buenos libros sobre esto. Considera *La cruz de Cristo,* de Stott;[1] *Pierced for Our Transgressions* [Herido por nuestras transgresiones] de Jeffery, Ovey y Sach;[2] *Christ Crucified* [Cristo crucificado] de Macleod;[3] el artículo de 1974 de Packer;[4] o una docena de otros

---

1   John R. W. Stott, *La cruz de Cristo* (Publicaciones Andamio, 2015).

2   Steve Jeffery, Michael Ovey, y Andrew Sach, *Pierced for Our Transgressions: Recovering the Glory of Penal Substitution* (Wheaton, IL: Crossway, 2007).

3   Donald Macleod, *Christ Crucified: Understanding the Atonement* (Downers Grove, IL: InterVarsity Press, 2014).

4   J. I. Packer, «*What Did the Cross Achieve? The Logic of Penal Substitution*», *Tyndale Bulletin* 25 (1974): 3-45.

buenos tratados históricos y contemporáneos. No nos centraremos en lo que Cristo ha hecho. Consideraremos quién *es* Él. Los dos asuntos están unidos e incluso son interdependientes, pero son distintos. El evangelio no solo nos ofrece exoneración legal —¡una verdad absolutamente preciosa!—; también nos conduce al corazón de Cristo. Es posible que sepas que Cristo murió y resucitó en tu nombre para limpiarte de todos tus pecados; ¿pero conoces Sus sentimientos por ti? ¿Vives con una conciencia no solo de Su obra expiatoria por tu pecado, sino también del anhelo de Su corazón en medio de tu pecado?

Una esposa puede decirte mucho sobre su esposo: su altura, el color de sus ojos, sus hábitos alimenticios, su educación, su trabajo, su habilidad para los quehaceres de la casa, quién es su mejor amigo, cuáles son sus pasatiempos, puede identificar su perfil de personalidad según Myers-Briggs y su equipo favorito en algún deporte. Pero ¿cómo puede describir la mirada cómplice de su esposo durante una cena en su restaurante favorito? Esa mirada que refleja años de amistad cada vez más duradera, las infinitas conversaciones, las discusiones que han sorteado y la seguridad que encuentra en un abrazo. ¿Cómo podría describir esa mirada que habla de su protección amorosa de manera más clara que mil palabras? En resumen, ¿qué puede decir para describir a otra persona el *corazón* de su esposo por ella?

Una cosa es describir lo que su esposo dice, hace y parece, pero otra es describir sus sentimientos hacia ella; esto es algo mucho más profundo y real.

Así es con Cristo. Una cosa es conocer las doctrinas de la encarnación, la expiación y otras doctrinas vitales, pero es algo muy diferente conocer Su corazón por ti.

¿Quién es Él?

1

Su corazón

… [Yo] soy manso y humilde de corazón…

MATEO 11:29

MI PAPÁ ME ENSEÑÓ algo que aprendió de Charles Spurgeon. En los cuatro relatos del evangelio que se nos dan en Mateo, Marcos, Lucas y Juan, que abarcan 89 capítulos de texto bíblico, solo hay un lugar donde Jesús nos habla sobre Su propio corazón.

Aprendemos mucho en los cuatro Evangelios sobre la enseñanza de Cristo. Leemos sobre Su nacimiento, Su ministerio y Sus discípulos. Nos relatan Sus viajes y hábitos de oración. Encontramos largos discursos y repetidos enfrentamientos por parte de Sus detractores, situaciones que provocaron aún más enseñanza. Aprendemos la forma en la que Él cumple todo el Antiguo Testamento. Y leemos sobre Su injusto arresto, Su vergonzosa muerte y Su asombrosa resurrección. Considera las miles de páginas que han escrito los teólogos en los últimos 2000 años sobre todas estas cosas.

Pero en un solo lugar, y tal vez en las palabras más maravillosas jamás pronunciadas por labios humanos, oímos a Jesús mismo abrirnos Su corazón:

Venid a mí todos los que estáis trabajados y cargados, y yo os haré descansar. Llevad mi yugo sobre vosotros, y aprended de mí, que soy manso y humilde de corazón; y hallaréis descanso para vuestras almas; porque mi yugo es fácil, y ligera mi carga. (Mat. 11:28-30)[1]

En el único pasaje de la Biblia en el que el Hijo de Dios retira el velo y nos permite observar quién es, no se nos indica que sea «estricto y exigente de corazón». No se nos enseña que Él es «exaltado y digno de corazón». Ni siquiera se nos dice que es «alegre y generoso de corazón». Al describirse a sí mismo, Jesús pronuncia esta sorprendente afirmación: «Soy manso y humilde de corazón».

Debo aclarar que cuando la Biblia habla del corazón, ya sea en el Antiguo Testamento o el Nuevo Testamento, no está hablando solo de nuestra vida emocional, sino de la parte medular que nos impulsa a hacer todo lo que realizamos. Es lo que nos saca de la cama por la mañana y lo que soñamos despiertos mientras nos quedamos dormidos. Es lo que alberga nuestras motivaciones. El corazón, en términos bíblicos, no es parte de quiénes somos, sino el centro mismo de lo que somos. Nuestro corazón es lo que nos define y nos dirige. Es por eso que Salomón nos dice: «guarda tu corazón; Porque de él mana la vida» (Prov. 4:23).[2]

El corazón está relacionado con la vida misma. Es lo que nos hace humanos. El corazón impulsa todo lo que hacemos. Es lo que somos.[3]

---

1 Mateo 11:29 era el versículo favorito del reformador alemán Philip Melanchthon. Herman Bavinck, *«John Calvin: A Lecture on the Occasion of His 400th Birthday»*, trad. John Bolt, The Bavinck Review 1 (2010): 62.

2 Otro puritano, John Flavel, dedicó un tratado a este versículo y a las estrategias para cuidar el corazón: John Flavel, *Keeping the Heart: How to Maintain Your Love for God*, (Fearn, Scotland: Christian Focus, 2012).

3 Un excelente tratado sobre la enseñanza bíblica del corazón es: Craig Troxel, *With All Your Heart: Orienting Your Mind, Desires, and Will toward Christ* (Wheaton, IL: Crossway, 2020).

Y cuando Jesús menciona qué lo anima con mayor fuerza, qué es lo más cierto de Él (cuando expone los recovecos más íntimos de Su ser), lo que encontramos allí es: «Soy manso y humilde de corazón». ¿Quién podría haber pensado en un Salvador con estas cualidades?

———

«Soy manso...».

La palabra griega que aquí se traduce «manso» solo se encuentra otras tres veces en el Nuevo Testamento: en la primera bienaventuranza, donde leemos que «los mansos» heredarán la tierra (Mat. 5:5); en la profecía de Mateo 21:5 (NVI, citando Zac. 9:9), donde se nos señala que Jesús, el Rey, «viene hacia ti, humilde y montado en un burro»; y en la exhortación de Pedro a las esposas, donde las alienta para que su belleza proceda «de un espíritu tierno y sereno» (1 Ped. 3:4, LBLA). Manso, humilde y sereno. Jesús no reacciona con violencia a la primera provocación. No se irrita con facilidad. Es la persona más comprensiva del universo. Lo más natural para Él no es señalar con Su dedo, sino mantener los brazos abiertos en señal de bienvenida.

«... y humilde...».

El significado de la palabra «humilde» se superpone con el de «manso», transmitiendo juntos una sola realidad sobre el corazón de Jesús. Al igual que en el Mateo 11, esta palabra específica se traduce generalmente como «humilde» en el Nuevo Testamento, como en Santiago 4:6: «Dios se opone a los orgullosos, pero da gracia a los *humildes*». Pero típicamente, en todo el Nuevo Testamento, esta palabra griega se refiere no a la humildad como una virtud, sino a la humildad en el sentido de *destitución* o *ser empujado hacia abajo* por las circunstancias de la vida (así es como también esta palabra griega se utiliza generalmente en todas las versiones griegas del Antiguo Testamento, especialmente en el Libro de los Salmos). En el canto de María durante el embarazo de Jesús, por ejemplo, esta palabra se usa para hablar de la forma en que Dios exalta a los «humildes» (Luc 1:52). Pablo utiliza esta palabra en Romanos 12:16, cuando dice: «no altivos, sino asociándoos con los *humildes*», refiriéndose a los de baja condición, aquellos que no son el alma de la fiesta, sino que hacen sufrir al anfitrión cuando llegan.

La finalidad de señalar que Jesús es humilde es decir que Él es *accesible*. Con toda Su gloria resplandeciente y Su santidad deslumbrante, Su suprema singularidad y otredad, nadie en la historia humana ha sido tan accesible como Jesucristo. No hay requisitos previos. No hay obstáculos que esquivar. Warfield, comentando sobre Mateo 11:29, escribió: «Su vida en la tierra no dejó ninguna impresión más profundamente arraigada en la conciencia de Sus seguidores que la de Su noble humildad».[4] El único pequeño obstáculo que impide que seas recibido en Sus brazos es simplemente que no vayas a Él. Es lo único que necesita. De hecho, es lo único con lo cual trabaja. El versículo 28 de nuestro pasaje en Mateo 11 nos dice explícitamente quién califica para tener comunión con Jesús: «Todos los que estáis trabajados y cargados». No es necesario que descanses o encuentres paz y luego vengas a Jesús. Tu misma carga es lo que te califica para venir. No se requiere pago; Él declara: «Yo os haré descansar». Su descanso es un regalo, no un negocio. Ya sea que estés trabajando activamente para cambiar

---

4   B. B. Warfield, *The Person and Work of Christ* (Oxford, UK: Benediction Classics, 2015), 140.

tu vida («trabajado») o pasivamente preocupado por algo fuera de tu control («cargado»), el deseo de Jesucristo de que descanses, de que salgas de la tormenta, supera incluso el tuyo.

«Apacible y humilde». Este, según Su propio testimonio, es el corazón de Cristo. Esto describe quién es: tierno, abierto, servicial, comprensivo y dispuesto. *Si se nos pide que digamos solo una cosa sobre quién es Jesús, estaríamos honrando Su propia enseñanza si nuestra respuesta es: «manso y humilde».*

Si Jesús diseñara Su propio sitio web, la línea más destacada de la sección «¿Quién soy?» sería: «Manso y humilde de corazón».

––––

Jesús no es así para todos de manera indiscriminada. Esto es lo que es para aquellos que acuden a Él, que toman Su yugo, que le piden ayuda. El párrafo anterior a estas palabras de Jesús nos da una idea de cómo maneja Jesús a los impenitentes: «¡Ay de ti, Corazín! ¡Ay de ti, Betsaida! [...]. Por tanto os digo que en el día del juicio, será más tolerable el castigo para la tierra de Sodoma, que para ti» (Mat. 11:21, 24). «Manso y humilde» no significa «blando y tolerante».

Pero para el penitente, Su corazón apacible nunca es superado por nuestros pecados, nuestras debilidades, inseguridades, dudas, ansiedades y fracasos. Ser apacible no es una forma en que Jesús ocasionalmente actúa hacia los demás. La gentileza es Su esencia. Es Su corazón. Él no puede dejar de ser manso así como tú y yo no podemos cambiar nuestro color de ojos, porque así somos.

La vida cristiana es inevitablemente de esfuerzo y trabajo (1 Cor. 15:10; Fil. 2:12-13; Col. 1:29). Jesús mismo dejó esto claro en este mismo Evangelio (Mat. 5:19-20; 18:8-9). Su promesa en Mateo 11 es «descanso para vuestras almas», no «descanso para el cuerpo». Pero todo trabajo cristiano fluye de la comunión con un Cristo vivo, cuya realidad trascendente y definitoria es: manso y humilde. Nos asombra y nos sostiene con Su infinita amabilidad. Solo a medida que nos adentramos cada vez más en esta tierna bondad, podemos vivir la vida cristiana como nos pide el Nuevo Testamento. Solo mientras bebemos de la bondad del corazón de Cristo, dejaremos a nuestro paso, dondequiera que vayamos, el aroma celestial, y moriremos algún día, no sin antes haber iluminado el mundo con destellos de una bondad divina demasiado grande para ser considerada como algo que merecemos.

Encontramos la noción de esta bondad en nuestro pasaje. La palabra traducida «fácil» en la declaración «porque mi yugo es fácil» debe leerse con cuidado. Jesús no enseña que la vida esté libre de dolor o dificultades. Esta es la misma palabra que en otros pasajes es traducida «benigno», como en Efesios 4:32: «Antes sed *benignos* unos con otros, misericordiosos...» (ver también Rom. 2:4). Considera lo que Jesús está diciendo. Un yugo es el pesado madero colocado sobre bueyes para obligarlos a arrastrar instrumentos agrícolas por el campo. Jesús está usando una especie de ironía, diciendo que el yugo puesto sobre Sus discípulos no es un yugo. Porque es un yugo benigno. ¿Quién podría resistirse a esto? Es como decirle a un hombre que se está ahogando que debe ponerse un salvavidas y él respondiera: «¡De ninguna manera! ¡No lo haré! ¡Estar ahogándose ya es muy difícil! ¡Lo último que necesito es cargar un salvavidas!». Así somos todos cuando confesamos a Cristo con nuestros labios pero evitamos la comunión profunda con Él debido a que no conocemos Su corazón.

Su yugo es suave y Su carga es liviana. Es decir, Su yugo no es un yugo, y Su carga no es una carga. Lo que el helio hace a un globo es lo que el yugo de Jesús hace a Sus seguidores. Somos animados por Su infinita gentileza y Su accesible e inigualable humildad. Él no solo acude a nuestro lugar de necesidad; Él vive en nuestro lugar de necesidad. Nunca se cansa de recibirnos con un tierno abrazo. Es Su corazón mismo. Es la motivación que lo impulsa cada día.

———

Generalmente no pensamos así de Jesucristo. Al reflexionar sobre este pasaje en Mateo 11, el antiguo pastor inglés Thomas Goodwin nos ayuda a comprender lo que Jesús realmente está diciendo.

> Los hombres son propensos a tener ideas contrarias de Cristo, pero Él les muestra Su disposición allí, refutando tales pensamientos para atraerlos más a Él. Es probable que pensemos que Jesús, siendo tan santo, tiene una severa disposición contra los pecadores, y no puede soportarlos. «No», dice él; «Soy manso; esa es mi naturaleza y mi temperamento».[5]

Tendemos a proyectar sobre Jesús nuestros instintos sesgados sobre cómo funciona el mundo. La naturaleza humana dicta que cuanto más rica es una persona, más tiende a menospreciar a los pobres. Cuanto más bella es una persona, más se aleja de lo feo. Y sin darnos cuenta de lo que estamos haciendo, suponemos en silencio que alguien tan santo y exaltado mostrará la misma renuencia de acercarse a lo despreciable e impuro. Claro, Jesús se acerca a nosotros, estamos de acuerdo, pero se tapa la nariz. Después de todo, este Cristo resucitado es a quien «Dios también le exaltó hasta lo sumo» y ante cuyo nombre cada rodilla se doblará un día en sumisión (Fil. 2:9-11). Este es Aquel con ojos «como llama de fuego» y cuya voz es «como estruendo de muchas aguas», que tiene «una

---

5 Thomas Goodwin, *The Heart of Christ* (Edinburgh: Banner of Truth, 2011), 63.

espada aguda de dos filos» saliendo de su boca y cuyo rostro es «como el sol cuando resplandece en su fuerza» (Apoc. 1:14-16). En otras palabras, es tan indescriptiblemente brillante que Su esplendor no puede captarse adecuadamente con palabras, tan inefablemente magnífico que todo lenguaje se extingue ante Su esplendor.

Este es Aquel cuyo corazón es, sobre todas las cosas, manso y humilde.

Goodwin señala que este sublime y santo Cristo no se avergüenza de alcanzar y tocar a los sucios pecadores y a los enfermos. Dar tal abrazo es precisamente lo que le encanta hacer. No puede soportar contenerse. Naturalmente, pensamos en Jesús tocándonos de la misma manera que un niño pequeño estira la mano para tocar una babosa por primera vez: con la cara arrugada, extendiendo cautelosamente un brazo, dando un grito de disgusto al contacto e inmediatamente retirándose. Nos imaginamos al Cristo resucitado acercándose a nosotros con «una severa disposición», como declara Goodwin.

Por eso necesitamos una Biblia. Nuestra inclinación natural solo puede darnos un Dios semejante a nosotros. El Dios revelado en la Escritura deconstruye nuestras predilecciones y nos sorprende con una Persona cuya infinitud de perfecciones corresponde con Su infinitud de gentileza. De hecho, Sus perfecciones *incluyen* Su perfecta gentileza.

Es Su esencia. Es Su corazón mismo. Jesús mismo lo dijo.

Venid a mí todos los que estáis trabajados y cargados, y yo os haré descansar. Llevad mi yugo sobre vosotros, y aprended de mí, que soy manso y humilde de corazón; y hallaréis descanso para vuestras almas; porque mi yugo es fácil, y ligera mi carga.

2

Su corazón en acción

... tuvo compasión de ellos...

MATEO 14:14

UNA Y OTRA VEZ en los cuatro Evangelios vemos en acción lo que Jesús declaró en Mateo 11:29. Lo que Él es, hace. No puede actuar de otra manera. Su vida demuestra lo que hay en Su corazón.

• Cuando el leproso dice: «Señor, si quieres, puedes limpiarme», Jesús inmediatamente extiende Su mano, lo toca y pronuncia estas palabras: «Quiero; sé limpio» (Mat. 8:2-3). La palabra «querer», tanto en la solicitud del leproso como en la respuesta de Jesús, es la palabra griega para deseo. El leproso preguntaba por el deseo más profundo de Jesús. Y el Señor reveló Su deseo más profundo al sanarlo.

• Cuando algunos hombres llevaron a su amigo paralítico a Jesús, Él ni siquiera esperó a que presentaran su petición: «Y al ver Jesús la fe de ellos, dijo al paralítico: Ten ánimo, hijo; tus pecados te son perdonados» (Mat. 9:2). Antes de que pudieran abrir la boca para pedir ayuda, Jesús no pudo contenerse: las palabras de consuelo y calma surgieron.

- Al viajar de pueblo en pueblo y «ver a las multitudes, tuvo compasión de ellas, porque estaban agobiadas y desamparadas, como ovejas sin pastor» (Mat. 9:36, NVI). Entonces Él les enseñó y curó sus enfermedades (Mat. 9:35). Solo al ver la impotencia de las multitudes, Su piedad se puso en acción.

- Esta compasión viene en continuas oleadas en el ministerio de Cristo, llevándolo a sanar a los enfermos («tuvo compasión de ellos, y sanó a los que de ellos estaban enfermos», Mat. 14:14), alimentar a los hambrientos («Siento compasión de esta gente porque ya llevan tres días conmigo y no tienen nada que comer», Mat. 15:32, NVI), enseñar a las multitudes («Y tuvo compasión de ellos, porque eran como ovejas que no tenían pastor; y comenzó a enseñarles muchas cosas», Mar. 6:34), y enjugar las lágrimas de los afligidos («Y cuando el Señor la vio, se compadeció de ella, y le dijo: No llores», Luc. 7:13). La palabra griega para «compadeció» es la misma en todos estos textos y se refiere literalmente a los intestinos de una persona: es una forma antigua de referirse a lo que surge del interior mismo del ser. Esta compasión refleja el sentir más profundo de Cristo.

- Dos veces en los Evangelios se nos dice que Jesús se quebró y lloró. Y en ninguno de los casos es por Su propia angustia o dolor. En ambos casos, es tristeza por alguien más: por Jerusalén (Luc. 19:41) y por Su amigo fallecido, Lázaro (Juan 11:35). ¿Cuál fue Su angustia más profunda? La angustia de los demás. ¿Qué conmovió Su corazón hasta las lágrimas? Las lágrimas de los demás.

- Una y otra vez, los moralmente repugnantes, los ultrajados por la sociedad y los indignos son quienes no solo reciben la misericordia de Cristo, sino *aquellos hacia los cuales Cristo se siente naturalmente atraído*. Según el testimonio de Sus enemigos, a Jesús lo conocían como el «amigo [...] de pecadores» (Luc. 7:34).

Cuando tomamos los Evangelios y consideramos la imagen que nos muestran de Jesús, ¿qué es lo que más se destaca?

Sí, Él es el cumplimiento de la esperanza y los anhelos del Antiguo Testamento (Mat. 5:17). Sí, Él es alguien cuya santidad hace que incluso Sus amigos teman, conscientes de su pecado (Luc. 5:8). Sí, es un Maestro poderoso, cuya autoridad superó incluso la de los sabios religiosos de la época (Mar. 1:22). Infravalorar cualquiera de estas características es abandonar la ortodoxia histórica. Pero la nota dominante que resuena en nuestros oídos después de leer los Evangelios, el elemento más vivo y llamativo del relato, es la forma en que el santo Hijo de Dios se mueve, toca, cura, abraza y perdona a quienes menos lo merecen, pero lo desean con sinceridad.

El puritano Richard Sibbes lo expresó de esta manera: «Cuando [Cristo] vio a la gente en la miseria, Sus entrañas se deshacían dentro de Él; las obras de gracia y misericordia en Cristo provienen de Sus entrañas». Es decir, «todo lo que hizo Cristo [...] lo hizo por amor, gracia y misericordia». Pero luego Sibbes va un paso más allá: «Lo hizo internamente desde Sus entrañas».[1] El Jesús que se nos presenta en los Evangelios no es simplemente uno que ama, sino el que *es* amor. El afecto misericordioso fluye desde Su corazón como los rayos del sol.

¿Pero qué hay del lado más estricto de Jesús?

J. I. Packer escribió que «media verdad disfrazada de toda la verdad se convierte en una completa mentira».[2] Este es un punto

---

1 Richard Sibbes, *The Church's Riches by Christ's Poverty*, en *The Works of Richard Sibbes*, ed. A. B. Grosart, 7 vols. (Edimburgo: Banner of Truth, 1983), 4:523.
2 J. I. Packer, *A Quest for Godliness: The Puritan Vision of the Christian Life* (Wheaton, IL: Crossway, 1990), 126.

especialmente delicado cuando hablamos de la revelación de Cristo en la Biblia. Las herejías de la historia de la Iglesia no son representaciones totalmente contrarias de Jesús, sino representaciones torcidas. Las controversias cristológicas de los primeros siglos afirmaron toda la doctrina cristiana básica, excepto un elemento vital: en ocasiones, la verdadera humanidad de Cristo; en otras Su verdadera deidad. ¿Estamos en peligro, al hablar del amor de Cristo, de descuidar Su ira? ¿Resaltamos un lado de Cristo y nos olvidamos del otro?

Quizás para muchos de nosotros el peligro es más sutil que la herejía absoluta. Podemos ser completamente ortodoxos en nuestra teología, pero ser atraídos, por varias razones, a un lado de Jesús más que al otro. Es posible que algunos de nosotros hayamos crecido en un entorno de reglas estrictas que nos asfixió con una sensación interminable de no dar la talla. Nos atraen especialmente la gracia y la misericordia de Cristo. Otros tal vez crecimos en una caótica lucha, por lo que la estructura y el orden de una vida moralmente circunscrita, que fluye de los mandamientos de Cristo, puedan ser especialmente atractivos. Otros hemos sido profundamente maltratados por aquellos que deberían haber sido nuestros protectores en la vida, y anhelamos la justicia y la retribución del cielo y el infierno para enmendar todos los errores.

A medida que nos concentramos en el corazón amoroso de Cristo, ¿cómo nos aseguramos de que estamos creciendo en una comprensión correcta de todo el consejo de Dios y una visión integral —y por lo tanto, proporcional— de quién es Cristo?

Tres comentarios son necesarios. Primero, la ira de Cristo y la misericordia de Cristo no están en desacuerdo entre sí, como si se tratara de un balancín: una disminuye a medida que la otra sube. Más bien, las dos se levantan y caen juntas. Cuanto más fuerte se siente la comprensión de la justa ira de Cristo contra todo lo que es malo, tanto a nuestro alrededor como dentro de nosotros, más sólida se siente nuestra comprensión de Su misericordia.

Segundo, al hablar específicamente del corazón de Cristo (y el corazón de Dios en el Antiguo Testamento), no estamos realmente abordando el espectro de Su ira y misericordia. Su corazón es *Su corazón*. Cuando hablamos del corazón de Cristo no estamos hablando de un atributo junto a los demás. Nos preguntamos quién es Él realmente. ¿Qué surge de Él de forma natural?

Tercero, simplemente buscamos seguir el testimonio bíblico al hablar del corazón afectuoso de Cristo hacia los pecadores y los que sufren. En otras palabras, si parece haber algún sentido de desproporción en el retrato bíblico acerca de Cristo, entonces seremos desproporcionados en consecuencia. Es mejor ser bíblico que artificialmente «equilibrado».

En el resto de nuestro estudio, volveremos al asunto de cómo cuadrar el corazón de Cristo con Sus acciones o con declaraciones bíblicas que puedan parecer incómodas. Pero los tres puntos anteriores deben tenerse en cuenta en todo momento. En resumen: *es imposible sobrevalorar o sobreexaltar el cariñoso corazón de Cristo*. No puede ser sondeado. Pero es fácilmente descuidado u olvidado. Sacamos muy poco provecho de ello. No estamos dejando atrás el lado más severo de Jesús mientras hablamos de Su corazón. Nuestro único objetivo es seguir el propio testimonio de la Biblia a medida que nos acercamos a quién es Jesús, por más sorprendente que parezca.

Y si las acciones de Jesús reflejan quién es Él de manera más profunda, no podemos evitar la conclusión de que Él vino a deshacer lo que perdimos en la caída de la humanidad; y eso resulta irresistiblemente atractivo.

———

Esto es más profundo que decir que Jesús es amoroso, misericordioso o amable. El testimonio acumulado de los cuatro Evangelios es que cuando Jesucristo ve la caída del mundo a Su alrededor, Su impulso más profundo, Su instinto más natural, es avanzar hacia ese pecado y sufrimiento, no alejarse de Él.

Una forma de ver esto es en el contexto de la categoría del Antiguo Testamento de limpio e inmundo. En términos bíblicos, estas categorías generalmente no se refieren a la higiene física sino a la pureza moral. No es posible separar completamente estos conceptos, pero la limpieza moral o ética es el significado principal. Esto es evidente en que la solución para la impureza no era lavarse, sino ofrecer un sacrificio (Lev. 5:6). El problema no era la suciedad, sino la culpa (Lev. 5:3). Los judíos del Antiguo Testamento, por lo tanto, operaban bajo un sofisticado sistema de grados de impureza, diversas ofrendas y rituales para volverse moralmente limpios una vez más. Una parte particularmente llamativa de este sistema es que cuando una persona impura entraba en contacto con una persona limpia, la persona limpia se volvía impura. La suciedad moral es contagiosa.

Considera a Jesús. En las categorías levíticas, Él es la persona más limpia que jamás haya caminado sobre la faz de la tierra. Él era el puro. Cualesquiera sean los horrores que nos avergüencen, nosotros, que somos naturalmente inmundos, causaríamos que Jesús se avergonzara aún más. No podemos comprender la pureza, la santidad y la limpieza de Su mente y corazón; Su simplicidad, absolución y belleza.

¿Y qué hizo cuando vio a los impuros? ¿Cuál fue Su primer impulso cuando se encontró con prostitutas y leprosos? Se dirigió hacia ellos. La piedad inundó Su corazón, surgió el anhelo de la verdadera compasión. Pasó tiempo con ellos. Los tocó. Todos podemos reconocer que el tacto es lo más humano que existe. Un cálido abrazo hace algo que las palabras, por más amables que sean, no pueden. Pero hay algo más profundo en el toque de compasión de Cristo. Estaba invirtiendo el sistema judío. Cuando Jesús, el limpio, tocó a un pecador impuro, Cristo no se hizo impuro, sino que el pecador fue hecho limpio.

El ministerio terrenal de Jesucristo fue devolver a los pecadores indignos su humanidad. Tendemos a pensar en los milagros de los Evangelios como interrupciones en el orden natural. Sin embargo, el teólogo alemán Jürgen Moltmann señala que los milagros no son una interrupción del orden natural, sino la restauración del orden natural. Estamos tan acostumbrados a un mundo caído que la enfermedad, el dolor y la muerte parecen naturales, cuando en realidad son la *interrupción* de lo natural.

Cuando Jesús expulsa demonios y cura a los enfermos, está expulsando de la creación a los poderes de destrucción, así como sanando y restaurando a los seres creados que sufren. El señorío de Dios, demostrado en la sanidad de los enfermos, restaura la salud de la creación. Estos no son milagros sobrenaturales en un mundo natural. Son la única cosa verdaderamente «natural» en un mundo antinatural, demonizado y herido.[3]

Jesús caminó por la tierra dando humanidad a quienes la habían perdido y limpiando a los impuros. ¿Por qué? Porque Su corazón no le permitía mantenerse al margen. La tristeza lo inundaba en cada pueblo. Entonces, dondequiera que iba, cada vez que se enfrentaba con dolor y angustia, extendía Su misericordia

3 Jürgen Moltmann, *The Way of Jesus Christ: Christology in Messianic Dimensions*, trad. M. Kohl (Minneapolis: Fortress, 1993), 98. Un libro similar: Graeme Goldsworthy, *The Son of God and the New Creation, Short Studies in Biblical Theology*, (Wheaton, IL: Crossway, 2015), 43.

sanadora. Thomas Goodwin declaró: «Cristo es amor cubierto de carne».[4] Imagínalo. Debajo de la carne de las esposas de Stepford o de Terminator, encontraremos una máquina; debajo de la carne de Cristo, encontraremos amor.

Si la compasión se vistiera de un cuerpo humano y caminara alrededor de la tierra, ¿cómo sería? Ya sabemos la respuesta.

———

Pero eso fue cuando vivió en la tierra. ¿Y en la actualidad?

El Nuevo Testamento nos enseña que «Jesucristo es el mismo ayer, y hoy, y por los siglos» (Heb. 13:8). El mismo Cristo que lloró en la tumba de Lázaro llora con nosotros en nuestra solitaria desesperación. El mismo que extendió la mano y tocó a los leprosos nos abraza hoy cuando nos sentimos incomprendidos y marginados. El mismo Jesús que extendió la mano y limpió a los pecadores llega a nuestras almas y responde a nuestra súplica de misericordia con la poderosa limpieza invencible de alguien que no puede hacerlo de otra manera.

En otras palabras, el corazón de Cristo no está lejos, a pesar de Su presencia ahora en el cielo, porque hace todo esto mediante Su propio Espíritu. Nos enfocaremos en la relación entre el corazón de Cristo y el Espíritu Santo en el capítulo 13. Por ahora simplemente señalamos que, a través del Espíritu, Cristo no solo nos toca, sino que vive dentro de nosotros.

El Nuevo Testamento enseña que estamos unidos a Cristo; una unión tan íntima que cualquier cosa que hagamos se puede decir que el cuerpo de Cristo lo hace (1 Cor. 6:15-16). *Jesucristo está más cerca de ti hoy que de los pecadores y enfermos a los que habló*

4 Thomas Goodwin, *The Heart of Christ* (Edimburgo: Banner of Truth, 2011), 61.

y tocó en Su ministerio terrenal. A través de Su Espíritu, el propio corazón de Cristo envuelve a Su pueblo con un abrazo más cercano que cualquier abrazo físico. Sus acciones en la tierra reflejaban Su corazón; el mismo corazón ahora actúa exactamente igual hacia nosotros, porque *somos* Su cuerpo.

3

El gozo de Cristo

... por el gozo puesto delante de él...

HEBREOS 12:2

THOMAS GOODWIN ESCRIBIÓ QUE «el gozo, el consuelo, la felicidad y la gloria de Cristo aumentan y se intensifican cuando...». ¿Cómo terminarías esta oración?

Hay varias formas bíblicas de responder, y debemos tener cuidado con presentar una imagen unidimensional de Cristo que destaca una parte, pero descuida lo demás. Sería correcto decir que Jesús se regocija cuando Sus discípulos abandonan todo para seguirlo (Mar. 10:21-23). Sería válido señalar que Cristo se alegra cuando la fidelidad de los creyentes en lo poco los prepara para ser fieles en lo mucho (Mat. 25:21, 23). Podemos afirmar que se regocija en la forma en que Su Padre revela verdades divinas a los niños en lugar de a los sabios (Luc. 10:21).

Pero hay una verdad igualmente bíblica que se deja de lado con facilidad cuando pensamos en Cristo. Los cristianos intuitivamente saben que Cristo se alegra cuando lo escuchamos y obedecemos.

Pero ¿qué pasa si Su corazón y alegría también se relacionan con nuestras debilidades y fracasos?

Goodwin completa su oración de esta manera: «El gozo, el consuelo, la felicidad y la gloria de Cristo aumentan y se intensifican cuando muestra gracia y misericordia, perdona, alivia y consuela a Sus seguidores aquí en la tierra».[1]

———

Un médico compasivo viaja a lo profundo de la jungla para brindar atención médica a una tribu primitiva que padece una enfermedad contagiosa. Le han enviado su equipo médico. Ha diagnosticado correctamente el problema y los antibióticos están disponibles. Es rico y no necesita ningún tipo de compensación financiera. Pero a medida que trata de brindar atención, los afectados se niegan. Quieren cuidarse a sí mismos. Quieren ser sanados en sus propios términos. Finalmente, algunos jóvenes valientes dan un paso adelante para recibir la atención que se les brinda gratuitamente.

¿Qué siente el doctor?

Alegría.

Su alegría aumenta en la misma medida en que los enfermos acuden a él en busca de ayuda y sanidad, porque esa es la razón por la que viajó.

¿Cuánto más si los enfermos no son extraños, sino su propia familia?

---

1 Thomas Goodwin, *The Heart of Christ* (Edimburgo: Banner of Truth, 2011), 107. Una declaración similar: «No existe una mejor manera de agradar a Cristo que recibir con gozo Su abundante provisión. Es un honor recibir Su generosidad», Richard Sibbes, *Bowels Opened, Or, A Discovery of the Near and Dear Love, Union, and Communion Between Christ and the Church,* en *The Works of Richard Sibbes,* ed. A. B. Grosart, 7 vols. (reimp., Edimburgo: Banner of Truth, 1983), 2:34.

Así es con nosotros y Cristo. No se frustra cuando acudimos a Él con angustia, necesidad y vacío buscando un perdón renovado. Ese es Su propósito. Es lo que vino a hacer. Descendió al horror de la muerte y resucitó para proporcionar un suministro ilimitado de misericordia y gracia a Su pueblo.

Pero existe algo más profundo en la declaración de Goodwin. Jesús no quiere que recurramos a Su gracia y misericordia solo porque reivindica Su obra expiatoria. Quiere que recurramos a Su gracia y misericordia porque así es Él. Se acercó a nosotros en la encarnación para que Su alegría y la nuestra pudieran elevarse y descender juntas: la Suya dando misericordia, la nuestra al recibirla. Goodwin incluso argumenta que *Cristo obtiene más alegría y consuelo que nosotros* cuando acudimos a Él en busca de ayuda y misericordia. De la misma manera que un esposo amoroso obtiene más alivio y consuelo en la sanidad de su esposa que en la suya, Cristo «obtiene más consuelo [...] del que ellos reciben» cuando ve que nuestros pecados son cubiertos por Su sangre.[2]

Reflexionando sobre Cristo como nuestro Mediador celestial (es decir, aquel que quita del camino cualquier obstáculo que nos impide disfrutar de la amistad con Dios), escribe:

[La] gloria y felicidad de Cristo aumentan aún más a medida que Sus seguidores son cada vez más expuestos a Su muerte y lo que esta logró; así como cuando sus pecados son perdonados, sus corazones son santificados y sus espíritus consolados; entonces Él observa el fruto de Su obra, y se consuela de ese modo, porque Él es más glorificado por ello, sí, Él está más complacido y se regocija en esto más de lo que ellos mismos pueden hacerlo. Y esto aumenta

---

2 Goodwin, *Heart of Christ*, 108.

en Su corazón el cuidado y amor hacia Sus hijos aquí abajo, para alentarlos en todo momento.[3]

Traducción: Cuando vienes a Cristo por misericordia, amor y ayuda en tu angustia y pecaminosidad, estás alineado con Sus deseos más profundos, no vas contra ellos.

Tendemos a pensar que cuando nos acercamos a Jesús en busca de ayuda en medio de nuestra necesidad y pecaminosidad, de alguna manera le restamos valor o lo empobrecemos. Goodwin argumenta lo contrario. Jesús nos sorprende «ejerciendo actos de gracia, y continuamente haciendo bien a Sus seguidores [...] llenándolos con toda misericordia, gracia, consuelo y felicidad; haciéndose a sí mismo más pleno, dándoles a ellos plenitud».[4] Como Dios verdadero, Cristo no puede volverse más pleno; Él comparte la plenitud eterna e inmutable de Su Padre. Sin embargo, como hombre, el corazón de Cristo no se agota cuando venimos a Él, sino que se llena aún más cuando acudimos a Él.

Para decirlo de otra forma: cuando nos detenemos, agazapados entre las sombras, temerosos y erráticos, perdemos no solo nuestro consuelo, sino también el mayor consuelo de Cristo. Él vive para esto. Es lo que le encanta hacer. Su alegría y la nuestra suben y bajan juntas.

---

3 Goodwin, *Heart of Christ* [El corazón de Cristo], 111–12.
4 Ibíd., 111. Un pastor lo expresó de forma conmovedora: «Si te encuentras con ese pobre desgraciado que incrustó la lanza en mi costado, dile que hay otra manera, una mejor manera, de llegar a mi corazón: si se arrepiente, si mira a quién ha traspasado y se lamenta. Lo acogeré en ese mismo seno que ha herido; él encontrará en la sangre que derramó una amplia expiación por el pecado que cometió al derramarla. Y háblale de mí, me hará sentir más dolor si rechaza esta oferta de mi sangre, que cuando me traspasó». Benjamin Grosvenor, «Grace to the Chief of Sinners», en *A Series of Tracts on the Doctrines, Order, and Polity of the Presbyterian Church in the United States of America*, vol. 3, (Filadelfia: Presbyterian Board of Publication, 1845), 42-43. Gracias a Drew Hunter por mostrarme esta referencia.

¿Esto es bíblico?

Considera Hebreos 12. Allí Jesús es llamado «el autor y consumador de la fe, el cual por el gozo puesto delante de él sufrió la cruz, menospreciando el oprobio, y se sentó a la diestra del trono de Dios» (Heb. 12:2).

«Por el gozo». ¿Qué gozo? ¿Qué estaba esperando a Jesús al otro lado de la cruz?

El gozo de ver a Su pueblo perdonado.

Recuerda el propósito de Hebreos: Jesús es el Sumo Sacerdote que acaba con todos los sumos sacerdotes, quien ha hecho el supremo sacrificio expiatorio para cubrir por completo los pecados de Su pueblo salvándolos «perpetuamente» (7:25). Y recuerda lo que el escritor quiere decir cuando habla de que Jesús está sentado a la diestra de Dios, al final de Hebreos 12:2. En otras partes del libro, el escritor de Hebreos aclara lo que esto significa:

Habiendo efectuado la purificación de nuestros pecados por medio de sí mismo, *se sentó a la diestra* de la Majestad en las alturas. (1:3)

Ahora bien, el punto principal de lo que venimos diciendo es que tenemos tal sumo sacerdote, el cual *se sentó a la diestra* del trono de la Majestad en los cielos. (8:1)

Pero Cristo, habiendo ofrecido una vez para siempre un solo sacrificio por los pecados, *se ha sentado a la diestra* de Dios. (10:12)

En estos textos, que Jesús se siente a la diestra de Dios está asociado con Su obra de expiación sacerdotal. El sacerdote era el puente entre Dios y la humanidad. Conectaba el cielo con la tierra. Jesús hizo esto de forma suprema a través de Su sacrificio, purificando a Su pueblo de una vez por todas, limpiándolo de sus pecados.

Fue la alegre anticipación de ver a Su pueblo invenciblemente purificado lo que hizo que atravesara Su arresto, muerte, sepultura y resurrección. Cuando participamos hoy de esa obra expiatoria, acudiendo a Cristo en busca de perdón y comunicándonos con Él a pesar de nuestra pecaminosidad, nos estamos aferrando al anhelo y gozo más profundos de Cristo.

Esto se relaciona con otros textos en el Nuevo Testamento, como la alegría en el cielo por un pecador que se arrepiente (Luc. 15:7) o el anhelo de Cristo de que Su propio gozo coincida con el de Sus discípulos mientras permanecen en Su amor (Juan 15:11; 17:13). Él quiere que nos fortalezcamos en Su amor, pero los únicos calificados para hacerlo son los pecadores que necesitan un amor inmerecido. Y Él no solo quiere que seamos perdonados. Nos quiere *a nosotros*. ¿Cómo habla Jesús de Sus propios deseos más profundos? Así: «Padre, aquellos que me has dado, quiero que donde yo estoy, también ellos estén conmigo...» (Juan 17:24).

———

Nuestros corazones incrédulos dudan ante esto. ¿No es presuntuoso recurrir a la misericordia de Cristo sin prepararnos? ¿No deberíamos ser cautos y tener cuidado de no pedir demasiado de Él?

¿Acaso un padre cuyo niño se está sofocando desearía que su hijo recurriera al tanque de oxígeno con cautela?

Nuestro problema es que no tomamos la Escritura en serio cuando habla de nosotros como el cuerpo de Cristo. Cristo es la cabeza; somos parte de Su cuerpo. ¿Cómo se siente la cabeza respecto a su propia carne? El apóstol Pablo nos dice: «La sustenta y la cuida» (Ef. 5:29). Y entonces Pablo establece una relación explícita con Cristo: «Como también Cristo a la iglesia, porque somos miembros de su cuerpo...» (5:29-30). ¿Cómo cuidamos una parte del cuerpo que está herida? La vendamos, la protegemos y le damos tiempo para sanar. Porque esa parte del cuerpo no se trata de un amigo cercano, sino que es parte de nosotros. Así sucede con Cristo y los creyentes. Somos parte de Él. Por esta razón, Cristo, después de haber resucitado, le pregunta a un perseguidor de Su *pueblo*: «¿Por qué *me* persigues?» (Hech. 9:4).

Jesucristo se goza cuando tomas de las riquezas de Su obra expiatoria, porque Su propio cuerpo está siendo sanado.

4

Puede compadecerse

*Porque no tenemos un sumo sacerdote que no pueda
compadecerse de nuestras debilidades...*

HEBREOS 4:15

LOS PURITANOS ESCRIBÍAN LIBROS tomando un solo versículo
bíblico, analizando toda la teología que podían extraer de él, y 200
o 300 páginas más tarde, enviaban sus hallazgos al editor. *The
Heart of Christ* [El corazón de Cristo] de Thomas Goodwin no
fue la excepción. Y el verso que analizó es Hebreos 4:15.

> Porque no tenemos un sumo sacerdote que no pueda compadecerse
> de nuestras debilidades, sino uno que fue tentado en todo según
> nuestra semejanza, pero sin pecado.

El propósito de Goodwin es convencer a los creyentes desanimados de que, aunque Cristo está ahora en el cielo, recibe y abraza
tiernamente a los pecadores y a los que sufren, tal como lo hizo
en la tierra. La portada original del libro, publicado en 1651,
refleja esto; observa especialmente la yuxtaposición prominente
entre «Cristo en el cielo» y «pecadores en la tierra»:

El

CORAZÓN

de

CRISTO en el cielo

hacia

los pecadores en la tierra.

O,

Un TRATADO

que demuestra
la afable disposición y el tierno afecto
de *Cristo* en Su naturaleza humana ahora en gloria,
a Sus seguidores que sufren todo tipo de *enfermedades*,
ya sea a causa del *pecado* o de la *miseria*.

Las líneas finales aclaran que, al hablar del *corazón* de Cristo, se refiere a la «afable disposición y el tierno afecto» de Cristo. Goodwin quiere sorprender a los lectores con la evidencia bíblica de que el Señor resucitado que habita en el cielo hoy no es en absoluto menos accesible y compasivo que cuando caminaba por la tierra.

Después de una breve introducción, Goodwin explica por qué eligió Hebreos 4:15 para explorar este punto:

Elegí este texto porque, por encima de cualquier otro, habla más de Su corazón, y expone su contenido y manera de actuar hacia los pecadores; y eso tan palpable que, por así decirlo, toma nuestras manos y las pone sobre el pecho de Cristo, y nos permite sentir cómo Su corazón late y Sus afectos nos anhelan incluso ahora, estando en la gloria... El alcance de estas palabras alienta a los creyentes a pesar de todo lo que puede desanimarlos, al considerar el corazón de Cristo hacia ellos.[1]

¿Cómo sería que un amigo tomara nuestras dos manos y las colocara en el pecho del Señor Jesucristo resucitado para que, como un estetoscopio que nos permite escuchar la fuerza de un corazón que late, nuestras manos nos permitan sentir la fuerza de los más profundos afectos y anhelos de Cristo? Goodwin señala que no tenemos que imaginarlo. Hebreos 4:15 es ese amigo.

————

Es conveniente considerar el contexto de Hebreos 4:15. Esto es lo que leemos en el pasaje:

> Por tanto, teniendo un gran sumo sacerdote que traspasó los cielos, Jesús el Hijo de Dios, retengamos nuestra profesión. *Porque no tenemos un sumo sacerdote que no pueda compadecerse de nuestras debilidades, sino uno que fue tentado en todo según nuestra semejanza, pero sin pecado.* Acerquémonos, pues, confiadamente al trono de la gracia, para alcanzar misericordia y hallar gracia para el oportuno socorro. (4:14-16)

Los versículos 14 y 16 contienen cada uno una exhortación: debemos ser fieles a la doctrina («retengamos nuestra profesión», v. 14) y debemos confiar en la comunión con Dios («Acerquémonos, pues, confiadamente», v. 16). El «porque» al comienzo del versículo 15 (el versículo en cursiva) significa que el versículo 15 da el fundamento al 14. Y el «pues» al comienzo del versículo 16 significa que el 15 también es el fundamento del versículo 16.

---

1   Thomas Goodwin, *The Heart of Christ*, (Edimburgo: Banner of Truth, 2011), 48.

En otras palabras, el versículo 15 es el ancla del pasaje, los versículos circundantes muestran sus implicaciones.

Lo más importante de este versículo ancla es la *compasión* solidaria de Jesucristo para con Su pueblo. Todas nuestras intuiciones nos conducen a pensar que Jesús está con nosotros, de nuestro lado, presente y ayudando, cuando la vida va bien. Este texto dice lo contrario. Es en «nuestras debilidades» que Jesús se compadece de nosotros. La palabra traducida «compadecerse» está compuesta del prefijo que significa «con» unido al verbo «padecer». «Compadecerse» aquí no es tener lástima. Es una profunda solidaridad, como solo la pueden mostrar los padres a los hijos. De hecho, es más profundo que eso. En nuestro dolor, Jesús está dolido; en nuestro sufrimiento, siente el sufrimiento como propio, aunque no lo sea; no porque Su divinidad esté amenazada, sino porque Su corazón se siente atraído por nuestra angustia. Su naturaleza humana toma nuestros problemas de manera integral.[2] Su amor no puede ser retenido cuando ve a Su pueblo sufrir.

El escritor de Hebreos nos toma de la mano y nos conduce a lo más profundo del corazón de Cristo, mostrándonos la *identificación* sin límites de Jesús con Su pueblo. En el capítulo 2, el escritor de Hebreos declaró que Jesús fue hecho «en todo semejante a sus hermanos» y que «él mismo padeció siendo tentado» (Heb. 2:17, 18; utiliza la misma palabra griega para «tentado» que se usa en 4:15).

Sin embargo, la verdadera sorpresa en Hebreos 4:15 es la aclaración de por qué Jesús está tan cercano a Su pueblo y sufre con él. Ha sido «tentado» (o «probado», como también puede

---

2 Para más información sobre Su naturaleza humana (a diferencia de la divina) como la mostrada en la compasión de Cristo por Su pueblo cuando sufre, ver John Owen, *An Exposition of the Epistle to the Hebrews,* en *The Works of John Owen,* vol. 25, ed. W. H. Goold (reimp., Edimburgo: Banner of Truth, 1965), 416-28.

ser traducido) «según nuestra semejanza», no solo eso, sino «en todo». La razón por la que Jesús se solidariza tanto con nosotros es porque nuestras dificultades no son exclusivamente nuestras. Él también las vivió. No es solo que Jesús pueda aliviarnos de nuestros problemas, como un médico que nos receta medicamentos; también significa que, antes de que llegue cualquier alivio, Él está con nosotros en nuestros problemas, como un médico que ha padecido la misma enfermedad.

Jesús no es Zeus. Fue un hombre sin pecado, no un superhéroe sin pecado. Se levantaba con el cabello despeinado. Tenía granos a los trece años. Nunca habría aparecido en la portada de una revista («no hay parecer en él, ni hermosura; le veremos, mas sin atractivo», Isa. 53:2). Él vino como un hombre normal a los hombres normales. Sabe lo que es estar sediento, hambriento, ser despreciado, rechazado, avergonzado, abandonado, incomprendido, acusado falsamente, sofocado, torturado y asesinado. Sabe lo que es estar solo. Sus amigos lo abandonaron cuando más los necesitaba; si hubiera vivido hoy, hasta el último seguidor de Twitter y amigo de Facebook lo habría eliminado al cumplir los 33 años... a Él, que nunca dejará de ser nuestro amigo.

La clave para entender el significado de Hebreos 4:15 es analizar las dos frases «en todo» y «sin pecado». Toda nuestra debilidad, de hecho, toda nuestra vida, está contaminada con el pecado. Si el pecado fuera el color azul, no decimos ni hacemos ocasionalmente «algo azul», sino que todo lo que decimos, hacemos y pensamos *tiene* algo de color azul. No así con Jesús. Él no tuvo pecado. Era «santo, inocente, sin mancha, apartado de los pecadores» (Heb. 7:26). Pero debemos reflexionar sobre la frase «en todo» de una manera que mantenga la impecabilidad de Jesús sin diluir lo que significa esa frase. Esa seductora tentación, esa prueba dolorosa, esa perplejidad desconcertante, Él la ha vivido. De hecho, Su pureza absoluta sugiere que Él ha sentido estos dolores de manera más aguda que los pecadores.

———

Considera tu propia vida.

Cuando la relación se vuelve áspera, cuando los sentimientos de inutilidad te inundan, cuando parece que la vida nos está pasando de largo, cuando sentimos que nuestra única oportunidad de ser importantes se nos ha escapado de las manos, cuando no podemos lidiar con nuestras emociones, cuando el viejo amigo nos decepciona, cuando un miembro de la familia nos traiciona, cuando nos sentimos profundamente incomprendidos (en resumen, cuando el mundo caído nos presiona y nos hace querer tirar la toalla), allí, justo allí, tenemos un Amigo que sabe exactamente cómo se siente esa prueba y se sienta junto a nosotros y nos abraza. Se compadece.

Solemos pensar que cuanto más difícil se vuelve la vida, más solos estamos. A medida que nos hundimos en el dolor, nos hundimos aún más en el sentimiento de abandono. La Biblia nos corrige. Nuestro dolor nunca supera lo que Él mismo ha experimentado. Nunca estamos solos. Esa pena que sientes tan única fue experimentada por Él en el pasado y ahora la vive también en el presente.

Como nos dice el versículo 14, Jesús ahora ha subido al cielo. Pero eso no significa que esté alejado de nuestros dolores. El versículo 15, declara Goodwin, «nos permite comprender cuán afectado se ve el corazón de Cristo por los pecadores en general [...] por sus debilidades».[3] Nuestras dificultades hacen que en Cristo nazca un profundo sentimiento, más allá de lo que podemos imaginar.

---

3 Goodwin, *Heart of Christ*, 50.

¿Pero qué hay de nuestros pecados? ¿Deberíamos desanimarnos de que Jesús no pueda ser solidario con nosotros en ese dolor tan penetrante: la culpa y la vergüenza de nuestro pecado? No, por dos razones.

Una es que la impecabilidad de Jesús significa que Él conoce la tentación mejor que nosotros. C. S. Lewis aclaró este concepto al hablar de un hombre que camina contra el viento. Una vez que el viento de la tentación se vuelve lo suficientemente fuerte, el hombre se acuesta, cede y, por lo tanto, no sabe cómo habría sido diez minutos después. Jesús nunca se acostó; soportó todas nuestras tentaciones y pruebas sin ceder. Por lo tanto, conoce la fuerza de la tentación mejor que cualquiera de nosotros. Solo Él realmente conoce el costo.[4]

La segunda razón es que nuestra única esperanza es que quien comparte todo nuestro dolor lo comparta permaneciendo puro y santo. Nuestro Sumo Sacerdote sin pecado no es alguien que necesita rescate, sino quien lo proporciona. Por esta razón podemos ir a Él «para alcanzar misericordia y hallar gracia» (4:16). Cristo no está atrapado en el fango del pecado con nosotros; solo Él puede sacarnos. Su impecabilidad es nuestra salvación. Pero aquí comenzamos a hablar de la obra de Cristo. Lo importante de Hebreos 4:15, y del libro de Thomas Goodwin sobre él, es el corazón de Cristo. Sí, el versículo 16 habla del «trono de la gracia». Pero el versículo 15 nos ofrece el corazón de la gracia. No solo Él puede sacarnos del fango del pecado, también desea soportar nuestras cargas. Jesús es capaz de compadecerse. Él sufre con nosotros. Como lo expresó el contemporáneo de Goodwin, John Owen, Cristo «dispone desde Su propio corazón y afecto

---

4   C. S. Lewis, *Mere Christianity*, (Nueva York: Touchstone, 1996), 126.

darnos [...] ayuda y alivio [...] y se conmueve durante nuestros sufrimientos y pruebas como si fueran propios».[5]

Si estás en Cristo, tienes un amigo que, en tu dolor, nunca te dará un sermón desde el cielo. No puede soportar mantenerse a la distancia. Nada puede detenerlo. Su corazón está demasiado unido al tuyo.

---

5   John Owen, *An Exposition of the Epistle to the Hebrews*, en *The Works of John Owen*, vol. 21, ed. W. H. Goold (reimp., Edinburgh: Banner of Truth, 1968), 422.

5

Puede tratar con paciencia

Puede tratar con paciencia a los ignorantes y extraviados...
HEBREOS 5:2, NVI

EN EL ANTIGUO ISRAEL, el rey representaba a Dios ante el pueblo, mientras que el sacerdote representaba al pueblo ante Dios. El rey proveía autoridad sobre el pueblo; el sacerdote se solidarizaba con el pueblo. El libro de Hebreos está en la Biblia para decirnos qué significa para Jesús ser nuestro Sacerdote, el verdadero Sacerdote; los demás eran solo una sombra de Él y apuntaban hacia Él.

Los sacerdotes de Israel eran pecadores. Por lo tanto, tenían que ofrecer sacrificios no solo por los pecados de las personas, sino también por los propios. No solo los sacerdotes de Israel eran pecadores por definición; claramente eran pecadores en la práctica. Algunos sacerdotes de la antigüedad se encuentran entre los personajes más atroces del Antiguo Testamento; considera, por ejemplo, a Ofni y Finees (1 Sam. 1–4). Al igual que los antiguos israelitas, necesitamos hoy un sacerdote. Necesitamos a alguien que nos represente ante Dios. Pero los sacerdotes de la antigüedad eran a veces tan decepcionantes, tan malvados, tan duros.

Si nuestro sacerdote conociera en carne propia nuestra debilidad, de modo que simpatizara profundamente con nosotros y, a la vez, nunca hubiera pecado ni Su corazón se hubiera vuelto orgulloso, sería capaz de tratar pacientemente con nosotros.

———

Hebreos 5 continúa la línea de pensamiento considerada en nuestro último capítulo, donde estudiamos los versículos finales de Hebreos 4. Allí consideramos la forma en que el corazón de Cristo se siente atraído hacia Su pueblo en solidaridad con ellos por Su dolor y angustia. Ahora, en Hebreos 5:2, consideramos una verdad adicional: la manera en que interactúa con el pueblo por el cual se siente atraído. Observamos la *definición* del papel sacerdotal de Cristo en Hebreos 4:15 y ahora, en 5:2, veremos *cómo* lo lleva a cabo.

¿Y cómo lo hace?

Con paciencia.

La palabra griega que se traduce «paciencia» en Hebreos 5:2 comparte una raíz común con «compadecerse» en 4:15, y los oyentes y lectores originales de Hebreos probablemente habrían captado esto de una manera que no se puede en español. También encontramos en ambos textos el verbo griego *dunamai*, incluso en la misma forma verbal, así como la repetición de «debilidad» (a lo que regresaremos más adelante en este capítulo). Para poder tener una idea del paralelismo que los lectores originales habrían notado, permíteme presentar una transliteración de estos textos:

4:15 *dunamenon sunpathesai tois* («Capaz de compadecerse de...»).
5: 2 *metriopathein dunamenon tois* («Puede tratar con paciencia a...»).

Junto con la palabra repetida *dunamenon*, que significa «alguien que puede» o «alguien que tiene la capacidad de», observa la raíz común del verbo clave en cada versículo. En el capítulo anterior, señalé que *sunpathesai* significa «padecer con», en referencia a Su total solidaridad con nosotros. Si bien puedes observar que de aquí proviene la palabra «simpatía», el significado es más profundo de lo que la simpatía tiende a transmitir. Ahora, en Hebreos 5:2, mientras el escritor continúa presentando cómo Jesús es nuestro gran Sumo Sacerdote, encontramos la palabra *metriopathein*. Esta es la única ocasión en que este verbo se utiliza en el Nuevo Testamento. Significa exactamente «tratar con paciencia» o «tratar con bondad». El prefijo *metrio* transmite la idea de moderación o restricción y *patheo* se refiere a pasión o sufrimiento. La idea aquí es que Jesús no se desespera cuando se acerca a los pecadores. Es tranquilo, tierno y sobrio. Trata con nosotros con paciencia.

¿Con quién trata «con paciencia»? De seguro con aquellos quienes han fracasado razonable o moderadamente, reservando una respuesta más severa para los pecadores más grandes.

Una lectura cuidadosa del texto impide que concluyamos esto. «Puede tratar con paciencia a los ignorantes y extraviados». Los ignorantes y extraviados no son dos tipos de pecadores leves, dejando de lado a los peores pecadores. No, esta es la forma en que el escritor incluye a todos. En el Antiguo Testamento —y recuerda que Hebreos está ampliamente basado en el Antiguo Testamento—, encontramos que había básicamente dos tipos de pecados: involuntario y voluntario, o accidental y deliberado, o como señala Números 15, «inadvertidamente» y «deliberadamente» (Núm. 15:27-31, NVI). Esto es casi seguro lo que el escritor a los hebreos tiene en mente, con «ignorantes», refiriéndose a los pecados accidentales, y «extraviados», refiriéndose a los pecados deliberados.

En otras palabras, cuando Hebreos 5:2 declara que Jesús «puede tratar con paciencia a los ignorantes y extraviados», la finalidad es que Jesús trata con paciencia a todos los pecadores que vienen a Él, independientemente de su ofensa particular y de cuán atroz sea.[1] Lo que despierta la compasión de Jesús no es la severidad del pecado, sino que el pecador acuda a Él. Cualquiera sea nuestra ofensa, Él nos trata con paciencia. Si nunca nos acercamos a Él, experimentaremos un juicio tan feroz que será como una espada de doble filo que sale de Su boca (Apoc. 1:16; 2:12; 19:15, 21). Pero si acudimos a Él, aunque Su juicio habría sido tan feroz como un león contra nosotros, Él será tan tierno como un cordero (comp. Apoc. 5:5-6; Isa. 40:10-11). Recibiremos un trato o el otro. Jesús no será neutral en ninguno.

Considera lo que esto implica. Cuando pecamos, somos alentados a llevar nuestro fracaso a Jesús porque Él sabrá recibirnos. No nos trata con rudeza. No frunce el ceño y regaña. No ataca verbalmente, como hicieron muchos de nuestros padres. Y toda esta moderación no es porque tenga una visión diluida de nuestro pecado. Él conoce nuestra pecaminosidad de manera más profunda que nosotros. De hecho, apenas si somos conscientes de la punta del iceberg de nuestra depravación, incluso en nuestros momentos de mayor claridad. Su moderación simplemente fluye de Su corazón compasivo por Su pueblo. Hebreos no solo nos dice que en lugar de regañarnos, Jesús nos ama. Nos dice el tipo de amor

---

1 Owen argumenta este tema y lo expresa con particular elegancia: John Owen, *An Exposition of the Epistle to the Hebrews*, en *The Works of John Owen*, vol. 21, ed. W. H. Goold (reimp., Edimburgo: Banner of Truth, 1968), 457-61.

que tiene: en lugar de dispensarnos gracia desde lo alto, desciende a nosotros, nos abraza y nos trata de la manera que necesitamos. Nos trata con paciencia.

Quizás el comentario más importante que se ha escrito sobre la Epístola a los Hebreos es el trabajo de John Owen. De los 23 volúmenes que actualmente componen las obras recopiladas de Owen, 7 de estos son un recorrido versículo por versículo de Hebreos.[2] Le llevó casi 20 años completarlo; el primer volumen se publicó en 1668 y el último en 1684. ¿Qué dice este gran expositor sobre lo que Hebreos 5:2 está tratando de transmitirnos? Owen escribe que cuando se menciona que el sumo sacerdote «puede tratar con paciencia a los ignorantes y extraviados», significa que ya no puede

rechazar a los pecadores por ser ignorantes y andar errantes, así como un padre no desecha a su bebé cuando llora [...]. Así debería ser con un sumo sacerdote, y así es con Jesucristo. Él es capaz, con toda mansedumbre y gentileza, con paciencia y moderación, de soportar las enfermedades, los pecados y las provocaciones de Su pueblo, así como una enfermera o un padre soporta la debilidad [...] de un pobre infante.[3]

Jesús no puede contenerse en acercarse más de lo que un padre amoroso puede contenerse de abrazar a su bebé que llora. El corazón de Jesús es atraído hacia ti. Nada puede encadenar Sus afectos al cielo; Su corazón rebosa de amor entrañable.

Aún más allá, la «mansedumbre y gentileza» de Cristo, Su «paciencia y moderación», no son periféricas ni accidentales, como si Sus verdaderas virtudes estuvieran en otra parte. Este cuidado,

2 Me refiero a la edición publicada por Banner of Truth (Edimburgo, 1968). Crossway está preparando una nueva edición que se proyecta incluya más de 30 volúmenes.
3 Owen, *Works*, 21:455-56.

este trato paciente con todo tipo de pecadores, es lo más natural para Él. Owen continúa diciendo que Cristo, «en su trato con nosotros, no expone de manera más adecuada o completa ninguna otra propiedad de Su naturaleza más que Su compasión, paciencia y tolerancia».[4] En otras palabras, cuando Jesús nos trata con paciencia, está haciendo lo que es más apropiado y natural para Él.

De hecho, dada la profundidad de nuestra pecaminosidad, el hecho de que Jesús aún no nos haya rechazado demuestra que Su impulso y deleite más profundo es Su bondad llena de paciencia. Owen declara que este trato paciente del sumo sacerdote «aplicado a Jesucristo, es un de gran aliento y consuelo para los creyentes. Si Su disposición no fuera suficiente, tendría que rechazarnos a todos».[5] Esa es la forma antigua y enmarañada de Owen de decir: nuestra pecaminosidad es tan profunda que un poco de paciencia de Jesús no sería suficiente; pero aunque nuestra pecaminosidad es enorme, más inmensa es Su paciencia.

———

¿Pero por qué? ¿Por qué Cristo nos trata con paciencia?

El texto nos dice: «Ya que él mismo está sujeto a las debilidades humanas». De forma directa, esto se refiere al sumo sacerdocio en general. Esto queda claro en el siguiente versículo, que habla de la necesidad del sumo sacerdote de ofrecer sacrificios por sus propios pecados (5:3), lo cual Jesús no necesitaba (7:27). Pero recuerda lo que vimos en Hebreos 4:15: Jesús mismo, aunque «sin pecado», es capaz de «compadecerse de nuestras debilidades» (la misma palabra griega que en Hebreos 5:2) como alguien «que

4 Owen, *Works*, 21:462.
5 Ibíd., 21:454.

fue tentado en todo según nuestra semejanza». Jesús no pecó. Pero sí experimentó todo lo que significa vivir como un ser humano en este mundo caído: la debilidad del sufrimiento, la tentación y cualquier otro tipo de limitación humana (ver también 2:14-18). Los diversos sumos sacerdotes a través de la historia de Israel eran débiles pecadores; Jesús, el Sumo Sacerdote, era débil, pero sin pecado (comp. 2 Cor. 13:5).

Por esta razón, contrario a lo que esperamos, cuanto más profundizamos en la debilidad, el sufrimiento y las pruebas, más profunda es la solidaridad de Cristo con nosotros. A medida que caemos en el dolor y la angustia, nos acercamos cada vez más al centro del corazón de Cristo, no nos alejamos de él.

Mira a Cristo. Él te trata con paciencia. Es la única forma en que sabe hacerlo. Él es el Sumo Sacerdote que terminó con la necesidad de otros sumos sacerdotes. Mientras fijes tu atención en tu pecado, no podrás ver cómo puedes ser salvo. Pero si miras a este Sumo Sacerdote, no verás cómo puedes estar en peligro. Si nos concentramos en nosotros mismos, solo podemos anticipar el rigor divino. Pero si nos enfocamos en Cristo, solo podemos esperar paciencia.

6

No le echo fuera

... y al que a mí viene, no le echo fuera.

JUAN 6:37

TODO LO QUE THOMAS Goodwin y John Owen llegaron a ser (eruditos, bien educados, analíticos, graduados de las mejores universidades del mundo), John Bunyan no pudo serlo. Bunyan era pobre y sin educación. Según los estándares del mundo, todo estaba en contra de que Bunyan tuviera un impacto duradero en la historia humana. Pero así es como el Señor se deleita en trabajar: tomando a los marginados e ignorados, otorgándoles roles fundamentales en el desarrollo de la historia redentora. Y Bunyan, aunque con un estilo de escritura mucho más sencillo, compartió la capacidad de Goodwin de abrir el corazón de Cristo a sus lectores.

Bunyan es famoso por *El progreso del peregrino*, que es, además de la Biblia, el libro más vendido de la historia. Pero también fue autor de otros 57 libros. Uno de los más bellos es *Come and Welcome to Jesus Christ* [Ven y recibe a Jesucristo], escrito en 1678. La calidez del título es representativa de todo el tratado. Con el típico estilo puritano, Bunyan tomó un solo versículo y escribió un libro entero sobre él. Para este libro, Bunyan eligió Juan 6:37. En medio de autoproclamarse el pan de vida dado a los espiritualmente hambrientos (Juan 6:32-40), Jesús declara:

Todo lo que el Padre me da, vendrá a mí; y al que a mí viene, no le echo fuera.

Era uno de los versículos favoritos de Bunyan, como lo demuestra la frecuencia con la que lo cita a lo largo de sus escritos. Pero en este libro en particular, toma el texto y lo examina desde todos los ángulos, exprimiéndolo al máximo.

Hay demasiada teología consoladora en este versículo. Considera lo que Jesús declara:

- «Todo...», no «la mayoría». Una vez que el Padre fija Su amorosa mirada en un pecador errante, el rescate de ese pecador es seguro.
- «... el Padre...». Nuestra redención no se trata de un Hijo amable que trata de calmar a un Padre incontrolablemente enojado. El Padre mismo ordena nuestra liberación. Toma la iniciativa amorosa (ver v. 38).
- «... da...», no «regatea». Es un placer para el Padre confiar libremente a los rebeldes recalcitrantes al bondadoso cuidado de Su Hijo.
- «... vendrá...». El propósito salvador de Dios para un pecador nunca se frustra. Nunca se queda sin recursos. Si el Padre nos llama, *iremos* a Cristo.
- «... y el que [...] viene...». Sin embargo, no somos robots. Si bien el Padre es claramente el soberano de nuestra redención, no somos arrastrados en contra de nuestra voluntad. La gracia divina es tan radical que llega y transforma nuestros propios deseos. Nuestros ojos son abiertos. Cristo se vuelve hermoso.

Venimos a Él. Y cualquiera es bienvenido. Ven y recibe a Jesucristo.

• «... a mí viene...». No llegamos a un conjunto de doctrinas. No acudimos a una iglesia. Ni siquiera venimos al evangelio. Todo esto es vital, pero lo más importante es que llegamos a una Persona, a Cristo mismo.

———

Bunyan resalta todo esto y más. Vale la pena leer todo el libro.[1] Pero son las últimas palabras del versículo en las que él se detiene más tiempo, las que más significado tuvieron para él. A la mitad de su libro, confronta nuestras sospechas innatas sobre el corazón de Cristo. Utilizando la versión KJV en inglés («y al que viene a mí, de ningún modo lo echaré fuera», LBLA en español), Bunyan comenta:

Los que vienen a Jesucristo, a menudo temen sinceramente que Él no los reciba.

Esta observación está implícita en el texto. Lo deduzco de la amplitud y la franqueza de la promesa: «de ningún modo lo echaré fuera». Porque si no hubiera una inclinación en nosotros a «temer ser echados fuera», Cristo no tendría la necesidad de apaciguar nuestro miedo, como lo hace, con esta gran y extraña expresión: «de ningún modo».

No era necesario que la sabiduría del cielo inventara tal promesa y la plasmara con tal énfasis, con el propósito de romper en pedazos de un solo golpe todas las objeciones de los pecadores, si ellos no fueran propensos a admitir tales objeciones, desanimando así a sus propias almas.

---

1 Existe un volumen único, publicado por Banner of Truth: *Come and Welcome to Jesus Christ*, (Edimburgo: Banner of Truth, 2004); también se encuentra en el primer volumen de *The Works of John Bunyan*, 3 vols., ed. George Offor (reimp., Edimburgo: Banner of Truth, 1991), 240-99.

Pero la frase «de ningún modo» destroza todas las objeciones, y fue pronunciada por el Señor Jesús para ese mismo fin, y para ayudar a la fe que se mezcla con la incredulidad. Y es, por así decirlo, la suma de todas las promesas; no existe objeción que esta promesa no destruya.

Pero soy un gran pecador.

«De ningún modo te echaré fuera», responde Cristo.

Pero soy un viejo pecador.

«De ningún modo te echaré fuera», responde Cristo.

Pero soy un pecador de corazón duro.

«De ningún modo te echaré fuera», responde Cristo.

Pero soy un pecador reincidente.

«De ningún modo te echaré fuera», responde Cristo.

Pero he servido a Satanás toda mi vida.

«De ningún modo te echaré fuera», responde Cristo.

Pero he pecado contra la luz.

«De ningún modo te echaré fuera», responde Cristo.

Pero he pecado contra la misericordia.

«De ningún modo te echaré fuera», responde Cristo.

Pero no tengo nada bueno que ofrecer.

«De ningún modo te echaré fuera», responde Cristo.

Esta promesa se proporcionó para responder a todas las objeciones, y lo hace.[2]

En algunas de nuestras versiones de la Biblia ya no se utiliza la frase «de ningún modo», pero era una forma antigua de capturar el negativo enfático del griego en Juan 6:37. El texto literalmente dice: «al que viene a mí no lo echaré, *no* lo echaré fuera». A veces, como aquí, el griego utiliza dos negativos juntos para mostrar

---

2 Bunyan, *Come and Welcome to Jesus Christ* [Ven y recibe a Jesucristo], en *Works* [Obras], 1:279–80.

contundencia literaria. «Ciertamente, nunca, nunca lo echaré fuera». Es esta negación enfática de que Cristo no nos echará fuera lo que Bunyan llama «esta gran y extraña expresión».

¿Cuál es la finalidad de Bunyan?

La declaración de Jesús en Juan 6:37, el libro *Come and Welcome to Jesus Christ* y la cita en el centro de este libro existen para darnos paz mediante la naturaleza perseverante del corazón de Cristo. Decimos: «Pero yo...». Él dice: «De ningún modo te echaré fuera».

Los pecadores caídos y extraviados no tienen límite en su capacidad de pensar en razones para que Jesús los eche. Somos fábricas de nuevas objeciones al amor de Cristo. Incluso cuando nos quedamos sin razones tangibles para ser echados fuera, como pecados o fallas específicas, tendemos a tener una vaga sensación de que, con el tiempo suficiente, Jesús finalmente se cansará de nosotros y nos mantendrá a distancia. Bunyan nos entiende. Él sabe que somos inclinados a desechar las garantías de Cristo.

«No, espera», decimos al acercarnos con cautela a Jesús, «no lo entiendes. Realmente me he equivocado de muchas maneras».

Lo sé, Él responde.

«Sabes la mayor parte, claro. Ciertamente más de lo que otros ven. Pero hay una perversidad dentro de mí que está oculta de todos».

Lo sé todo.

«Bueno, la cuestión es que no es solo mi pasado. También es mi presente».

Entiendo.

«Pero no sé si puedo liberarme de esto pronto».

Estoy aquí para ayudar justo a ese tipo de personas.

«La carga es pesada, y se hace cada vez más pesada».

Entonces déjame llevarla.

«Es demasiado para soportar».

No para mí.

«No lo entiendes. Mis ofensas no son hacia otros. Son en contra tuya».

Entonces soy el más adecuado para perdonarlas.

«Pero descubrirás más maldad en mí; te cansarás de mí».

Al que a mí viene, no le echo fuera.

De manera desafiante, Bunyan concluye la lista de objeciones que planteamos para venir a Jesús. «Esta promesa se proporcionó para responder a todas las objeciones, y lo hace». Caso cerrado. No podemos presentar una razón para que Cristo cierre Su corazón a Sus propias ovejas. No existe tal razón. Cada amigo humano tiene un límite. Si ofendemos lo suficiente, si una relación se daña lo suficiente, si traicionamos suficientes veces, somos echados fuera y se forma una barrera. Pero con Cristo, nuestros pecados y debilidades son los elementos necesarios que nos califican para acercarnos a Él. No se requiere nada más que acudir a Él, primero en la conversión y mil veces después hasta que estemos con Él al morir.

Quizás no sean principalmente los pecados sino los sufrimientos los que provoquen que algunos de nosotros cuestionemos la bondad del corazón de Cristo. A medida que el dolor se acumula, a medida que pasan los meses, la conclusión parece obvia: hemos sido echados fuera. Seguramente la vida de alguien que ha sido abrazado por el corazón y la humildad de un Salvador no debería ser como la nuestra. Pero Jesús no dice que aquellos con vidas sin dolor nunca serán echados fuera. Él dice que los que vienen a Él nunca serán echados fuera. No es lo que la vida nos trae, sino a quién pertenecemos, lo que determina el corazón de amor de Cristo por nosotros.

Lo único que se requiere para disfrutar de ese amor es venir a Él. Pedirle que nos acepte. No dice: «Quien viene a mí con suficiente contrición», o «Quien viene a mí sintiéndose lo suficientemente mal por su pecado», o «Quien viene a mí con mucho esfuerzo». Él declara: «Y al que a mí viene, no le echo fuera».

Nuestra fuerza de resolución no es un ingrediente necesario para recibir Su buena voluntad. Cuando Benjamin, mi hijo de dos años de edad, comienza a adentrarse en la suave pendiente de la piscina cerca de nuestra casa, instintivamente toma mi mano. Se aferra con más fuerza a medida que el agua se vuelve más profunda. Pero un niño de dos años no puede aferrarse con gran fuerza. En poco tiempo, no es que él se aferre a mí, sino que yo me aferro a él. Si dependiera de su propia fuerza, sin duda se soltaría de mi mano. Pero si yo determino que no se irá de mi alcance, estará seguro. No puede soltarse, aunque lo intente.

Así es con Cristo. Nos aferramos a Él, sin duda. Pero nuestra resistencia es como la de un niño de dos años en medio de las tormentosas olas de la vida. Sin embargo, Su fuerza no permite soltarnos. El Salmo 63:8 expresa esta verdad: «Está mi alma apegada a ti; tu diestra me ha sostenido».

―――

Estamos hablando de algo más profundo que la doctrina de la seguridad eterna, o «una vez salvo, siempre salvo», una doctrina gloriosa y verdadera, también conocida como la perseverancia de los santos.

Hemos profundizado más y llegado a la doctrina de la perseverancia del corazón de Cristo. Sí, los cristianos profesos pueden descarriarse, demostrando que nunca estuvieron verdaderamente en Cristo. Sí, una vez que un pecador se une a Cristo, no hay nada que pueda separarlos. Pero dentro de la estructura de estas doctrinas, ¿cuál es el corazón de Dios, hecho tangible en Cristo? ¿Qué es lo más natural para Él cuando nuestros pecados y sufrimientos se acumulan? ¿Qué le impide despreciarnos? La respuesta es: Su amor. La obra expiatoria del Hijo, decretada por el Padre y aplicada por el Espíritu, asegura que estemos a salvo por la eternidad. Pero un texto como Juan 6:37 nos asegura que esto no es solo una cuestión de decreto divino, sino de deseo divino. En esto se deleita el cielo. *Ven a mí*, dice Cristo. *Te abrazaré y nunca te dejaré ir.*

¿Has considerado lo que significa para ti estar en Cristo? Para que seas echado fuera del corazón de Cristo ahora y en la eternidad, Cristo mismo tendría que ser sacado del cielo y puesto de nuevo en la tumba. Su muerte y resurrección hacen que sea justo que Cristo nunca expulse a los Suyos, sin importar con qué frecuencia caigan. Alentar esta obra de Cristo es el corazón de Cristo. No puede soportar separarse de los suyos, incluso cuando merecen ser abandonados.

«Pero yo…».

Proclama tus objeciones, pero nada puede vencer estas palabras: «Al que a mí viene, no le echo fuera».

Para aquellos unidos a Él, el corazón de Jesús no es su casa de alquiler, sino su nueva residencia permanente. No eres un inquilino; eres un hijo. Su corazón no es una bomba de tiempo, son los verdes pastos y las tranquilas aguas de las infinitas garantías de Su presencia y consuelo, cualesquiera sean nuestros logros espirituales. Él es así.

7

Lo que nuestro pecado evoca

... Mi corazón se conmueve dentro de mí...

OSEAS 11:8

PROBABLEMENTE SEA IMPOSIBLE CONCEBIR el horror del infierno, la ferocidad de la justicia retributiva y la justa ira que acabará con los que estén fuera de Cristo en el juicio final. Tal vez la palabra «ferocidad» suena como si la ira de Dios estuviera fuera de control o de proporción. Pero no hay nada descontrolado ni desproporcionado en Dios.

La razón por la que sentimos que la ira divina puede ser exagerada es porque no sentimos el verdadero peso del pecado. Martyn Lloyd-Jones, reflexionando sobre esto, declaró:

> Nunca te recriminarás que eres un pecador, porque hay un mecanismo en ti, resultado del pecado, que siempre te defenderá de toda acusación. Todos tenemos un buen concepto de nosotros mismos, y siempre podemos defendernos. Incluso si tratamos de hacernos sentir que somos pecadores, nunca lo haremos. Solo hay una manera de saber que somos pecadores, y es por medio de tener al menos una tenue concepción de Dios.[1]

---

1 Martyn Lloyd-Jones, *Seeking the Face of God: Nine Reflections on the Psalms*, (Wheaton, IL: Crossway, 2005), 34.

69

En otras palabras, no sentimos el peso de nuestro pecado debido a nuestro pecado. Si observáramos con mayor claridad cuán insidioso, penetrante y repugnante es el pecado (y, como sugiere Lloyd-Jones, podemos ver esto solo cuando contemplamos la belleza y la santidad de Dios), sabríamos que la maldad humana requiere un juicio de proporción divina. Incluso alguien con una percepción profunda del corazón amoroso de Cristo como Thomas Goodwin no tiene problemas en afirmar que si «Su ira contra el pecado fuera llamas de fuego», entonces «ni todo el combustible del mundo […] podría calentar lo suficiente el horno de Su ira».[2]

Y así como apenas podemos comprender la furia divina que espera a los que están fuera de Cristo, es igualmente cierto que difícilmente podemos comprender la ternura divina que ya gozan aquellos que están en Cristo. Podríamos sentirnos un poco tímidos o incómodos o incluso culpables al enfatizar la ternura de Dios tan intensamente como Su ira. Pero la Biblia no siente tal incomodidad. Considera Romanos 5:20: «... mas cuando el pecado abundó, sobreabundó la gracia». La culpa y la vergüenza de aquellos que están en Cristo son siempre superadas por Su abundante gracia. Cuando sentimos que nuestros pensamientos, palabras y acciones están menguando la gracia de Dios hacia nosotros, realmente es todo lo contrario; esos pecados y fallas están causando que Su gracia crezca aún más.

Pero analicemos este principio inviolable del evangelio. Hemos estado hablando de la gracia de Dios y la forma en que esta crece siempre para satisfacer abundantemente la necesidad de ella. Pero, estrictamente hablando, no existe tal «cosa» como la gracia. Esa es la teología católica romana, en la que la gracia es una especie

---

2   Thomas Goodwin, *Of Gospel Holiness in the Heart and Life*, en *The Works of Thomas Goodwin*, 12 vols. (reimp., Grand Rapids, MI: Reformation Heritage, 2006), 7:194.

de tesoro almacenado al que se puede acceder a través de varios medios cuidadosamente controlados. En cambio, la gracia de Dios viene a nosotros cuando Jesucristo viene a nosotros. En el evangelio bíblico no se nos da una cosa; se nos da una Persona.

Profundicemos en ello. ¿Qué recibimos cuando se nos da a Cristo? Si podemos decir que la gracia siempre surge por nuestro pecado, pero viene a nosotros solo en Cristo mismo, entonces nos enfrentamos con un aspecto vital de quién es Jesucristo, un aspecto bíblico en el cual a los puritanos les encantaba reflexionar: *cuando pecamos, se nos ofrece el corazón mismo de Cristo.*

———

Esto puede hacer que algunos de nosotros vacilemos. Si Cristo es perfectamente santo, ¿no debería necesariamente retirarse del pecado?

Aquí entramos en uno de los misterios más profundos de quién es Dios en Cristo. La santidad y la pecaminosidad no solo son mutuamente excluyentes, sino que Jesús, siendo perfectamente santo, conoce y siente el horror y el peso del pecado más profundamente de lo que cualquiera de nosotros los pecadores podría (así como cuanto más puro es el corazón de un hombre, más se horroriza de que su prójimo sea maltratado o sufra un robo). Por el contrario, cuanto más corrupto es el corazón, menos afectado se ve por los males que lo rodean.

Llevemos la analogía un poco más allá. De la misma manera que, cuanto más puro es un corazón, más se horroriza ante la maldad, así también, cuanto más puro es un corazón, más se brinda para ayudar, aliviar, proteger y consolar, mientras que un corazón corrupto permanece quieto e indiferente. Así es con Cristo. Su santidad encuentra el mal repugnante, más repugnante de lo que cualquiera de nosotros podría percibir. Pero es esa santidad la que también impulsa a Su corazón a ayudar, aliviar, proteger y consolar. Nuevamente debemos tener en cuenta la distinción crucial entre los que no están en Cristo y los que están en él. Para aquellos que no le pertenecen, los pecados evocan la ira sagrada. ¿Cómo podría un Dios moral responder de otra manera? Pero para los que le pertenecen, los pecados evocan anhelos, amor y ternura. En el texto clave sobre la santidad divina (Isa. 6:1-8), esa santidad (6:3) fluye natural e inmediatamente hacia el perdón y la misericordia (6:7).

Así es como Goodwin lo explica al concluir su libro *The Heart of Christ* [El corazón de Cristo] con una serie de aplicaciones finales. Reflexionando sobre los «consuelos y estímulos» que son nuestros, a la luz de que Cristo mismo se duele por nuestros propios pecados y sufrimientos, escribe:

> Hay consuelo en estas debilidades, en el sentido de que tus propios pecados lo impulsan más a la compasión que a la ira [...]. Porque Él sufre contigo en tus enfermedades, y por enfermedades se entiende pecados, así como otras miserias [...]. Cristo participa contigo, no está en tu contra, ya que toda Su ira se vuelve sobre tu pecado; sí, Su compasión aumenta más hacia ti, así como el corazón de un padre es hacia un hijo que tiene una enfermedad repugnante, o como uno trata a un miembro de su cuerpo afectado por la lepra; no odia al miembro, porque es su carne, sino a la enfermedad, y eso te provoca compasión por la parte más afectada. ¿Qué no hará por nosotros,[3] cuando nuestros pecados, que afectan tanto a Cristo como a nosotros, se convierten en motivos para que Él tenga más piedad de nosotros?

---

3 Es decir, ¿qué no usará para nuestro bienestar?

Cuanto más profunda es la miseria de una persona amada, mayor es la compasión. El pecado es la peor miseria; y mientras lo consideres como tal, Cristo también lo verá de la misma manera. Al amarte a ti, pero odiar tu pecado, Su aborrecimiento caerá solo sobre tu pecado, para liberarte de él mediante su ruina y destrucción. Sus afectos estarán más cerca de ti, tanto cuando estás bajo pecado como bajo cualquier otra aflicción. Por lo tanto, no temas.[4]

¿A qué se refiere Goodwin?

Si eres parte del cuerpo de Cristo, tus pecados evocan Su corazón más profundo, Su compasión y piedad. Él «participa contigo», es decir, está de tu lado. Se pone de tu lado contra tu pecado, no contra ti debido a tu pecado. Odia el pecado. Pero te ama. Entendemos esto, dice Goodwin, cuando consideramos el odio que tiene un padre contra una terrible enfermedad que afecta a su hijo: el padre odia la enfermedad mientras ama a su hijo. De hecho, hasta cierto punto, la presencia de la enfermedad atrae aún más el corazón del padre hacia su hijo.

Con esto no ignoramos la disciplina de Dios para Su pueblo. La Biblia enseña claramente que nuestros pecados despiertan la disciplina del Padre (por ejemplo, Heb. 12:1-11). Él realmente no nos amaría si esto no sucediera. Pero incluso esto es un reflejo de Su gran corazón por nosotros. Cuando una parte del cuerpo ha sido lesionada, requiere el dolor y el esfuerzo de la fisioterapia. Pero esa fisioterapia no es punitiva; está destinada a traer sanidad. Se prescribe dicha fisioterapia con el fin de cuidar de la extremidad dañada.

---

4   Thomas Goodwin, *The Heart of Christ*, (Edimburgo: Banner of Truth, 2011), 155-56.

Veremos una serie de textos del Antiguo Testamento más adelante en este libro, pero consideremos uno ahora, porque reúne varios conceptos sobre los que hemos estado reflexionando en este capítulo, y nos llevará al corazón de Dios que toma forma concreta en Jesús. En Oseas 11 leemos:

> Entre tanto, mi pueblo está adherido a la rebelión contra mí;
> aunque me llaman el Altísimo,
> ninguno absolutamente me quiere enaltecer.
>
> ¿Cómo podré abandonarte, oh Efraín?
> ¿Te entregaré yo, Israel?
> ¿Cómo podré yo hacerte como Adma,
> o ponerte como a Zeboim?
> Mi corazón se conmueve dentro de mí,
> se inflama toda mi compasión.
> No ejecutaré el ardor de mi ira,
> ni volveré para destruir a Efraín;
> porque Dios soy, y no hombre,
> el Santo en medio de ti;
> y no entraré en la ciudad. (Os. 11:7-9)

Aquí tenemos todos los elementos que hemos planteado en este capítulo: el pueblo de Dios, en medio de su pecaminosidad, en referencia al corazón de Dios y la afirmación explícita de Su santidad. ¿Y qué concluye el texto? La observación clave es esta: que al considerar los pecados de Su pueblo, el corazón de Dios estalla en compasión.

Dios mira a Su pueblo en toda su inmundicia moral. Han demostrado su extravío una y otra vez, no ocasionalmente, sino «mi pueblo está adherido a la rebelión contra mí» (v. 7). Esto habla de una obstinación arraigada.

Pero considera esto: es Su pueblo. Entonces, ¿qué pasa en el corazón de Dios? Debemos ser cuidadosos aquí; Dios es Dios, y no está a merced de las emociones pasajeras como Sus criaturas, y mucho menos como las criaturas pecadoras que somos. ¿Pero qué dice el texto? Se nos otorga una rara visión de quién es el Señor, y vemos y sentimos la profunda explosión afectiva dentro de Él. Su corazón está inflamado de compasión por Su pueblo. Simplemente no puede renunciar a ellos. Nada podría hacer que los abandone. Son Suyos.

¿Qué padre daría a su hijo en adopción solo porque su hijo se equivocó a lo grande?

No deshonremos a Dios al enfatizar tanto Su trascendencia que perdamos de vista Su vida emocional, de la cual nuestros propios sentimientos hacen eco, incluso si es un eco caído y distorsionado.[5] Dios no es un ideal platónico ni un rigorista inamovible, que está más allá del alcance de la humanidad. Dios está libre de toda

---

5   El nombre que los teólogos dan a la forma en que la Biblia habla de la vida emo-
    cional de Dios es *antropopatismo*. Esto es paralelo al *antropomorfismo*, en el que la
    Biblia usa términos humanos para hablar de Dios de maneras que no se pueden tomar
    literalmente, como hablar de la «mano» de Dios. El *antropopatismo* es un poco más
    complicado. Con esto pretendemos proteger el hecho de que Dios no es como noso-
    tros en nuestra inconstancia emocional; más bien, Él es completamente perfecto y
    trascendente y no se ve afectado por las circunstancias como los humanos finitos. Él es
    «impasible». Al mismo tiempo, no deberíamos descartar la forma en que la Biblia habla
    de la vida interior de Dios (con términos como el *antropopatismo*), haciendo de Dios
    un poder básicamente platónico desinteresado por el bienestar de Su pueblo. La clave
    aquí es comprender que, si bien nada toma a Dios por sorpresa, y nada puede afectarlo
    desde fuera de Él mismo de una manera que amenace Su perfección y simplicidad, Él
    entra libremente en comunión con Su pueblo a través de una relación de pacto y está
    genuinamente comprometido con el bienestar de ellos. Si consideras que la noción de
    «emoción» divina no es útil, piensa en cambio (como lo expresaron los puritanos) en
    «afectos» divinos: la disposición del corazón de Dios para abrazar a Su pueblo pecador
    y sufriente. Para explorar más a fondo la forma en que Dios es impasible, pero capaz
    de emocionarse, ver Rob Lister, *God Is Impassible and Impassioned: Toward a Theology
    of Divine Emotion*, (Wheaton, IL: Crossway, 2012).

emoción caída, pero no de toda emoción (o sentimiento)... ¿de dónde vienen nuestras propias emociones si somos hechos a Su imagen?

El texto dice que Su «corazón se conmueve» al ver los pecados de Su pueblo. ¿Quién podría haber imaginado que este es el corazón de Dios? El texto conecta la santidad suprema de Dios con Su negativa a encenderse en ira. ¿Quién podría haber pensado esto? Leemos:

> No ejecutaré el ardor de mi ira [...]; porque Dios soy, y no hombre, el Santo en medio de ti.

¿Es esto lo que esperas que Dios diga? ¿Acaso no esperas, en el fondo, que diga lo siguiente?

> Porque Dios soy, y no hombre, el Santo en medio de ti; por lo tanto, ejecutaré el ardor de mi ira.

La Biblia dice que cuando Dios mira la pecaminosidad de Su pueblo, Su santidad trascendente (Su divinidad, aquello que lo hace diferente a nosotros) lo hace incapaz de encenderse en ira contra Su pueblo. Tendemos a pensar que debido a que Él es Dios santo y no como nosotros, es aún más factible que se encienda en ira contra Su pueblo pecador. Una vez más, estamos equivocados; debemos desechar nuestra inclinación natural de crear a Dios a nuestra propia imagen, y permitir que Él mismo nos diga quién es.

Así como fácilmente adquirimos una visión depreciada del juicio punitivo de Dios que acabará con los que están fuera de Cristo, también adquirimos con facilidad una visión depreciada del corazón compasivo de Dios que abraza a los que están en Cristo.

Thomas Goodwin, Oseas 11 y toda la historia bíblica nos hacen recuperar el aliento. Los pecados de aquellos que pertenecen al Señor abren las compuertas de Su corazón compasivo por nosotros. La presa se rompe. No es nuestra belleza lo que gana Su amor. Es nuestra falta de encanto.

A nuestros corazones les cuesta aceptar esto. No es así como funciona el mundo que nos rodea. No es así como funcionan nuestros propios corazones. Pero nos postramos en humilde sumisión, permitiendo que Dios elabore los términos de Su amor por nosotros.

8

Perpetuamente

... viviendo siempre para interceder por ellos.

Hebreos 7:25

UNA DE LAS DOCTRINAS más olvidadas por la Iglesia en la actualidad es la intercesión celestial de Cristo. Cuando hablamos de la intercesión de Cristo, estamos hablando de lo que Jesús está haciendo *ahora*. Se habla mucho de la gloriosa obra de Cristo *en aquel entonces*: en Su vida, muerte y resurrección para salvarnos. ¿Pero qué hay de lo que está haciendo en este momento? Para muchos de nosotros, Jesús realmente no está haciendo nada ahora; pensamos que todo lo necesario para nuestra salvación ya fue hecho.

Pero no es así como el Nuevo Testamento presenta la obra de Cristo. Consideraremos ahora la intercesión celestial de Cristo, no solo porque ha sido descuidada, sino también porque es una parte de la obra de Cristo que refleja Su corazón.

Con el fin de definir qué es la intercesión y percatarnos de su abandono actual, considérala en relación con la doctrina de la justificación. Mucho se ha escrito, predicado y enseñado sobre esta gloriosa doctrina en los últimos años, como debería ser. Ser justificado es ser declarado justo ante los ojos de Dios, total y legalmente exonerado en la corte divina, basado por completo en lo que otro (Jesús) ha hecho en nuestro lugar. Pero nuestros corazones constantemente se alejan por momentos de la creencia en esta exoneración total. Ese deseo del corazón de completar nuestra absolución delante de Dios y no basarla únicamente en lo que Cristo hizo se gestó en la teología medieval y luego en la católica romana. Los reformadores como Lutero y Calvino recuperaron y redirigieron la justificación, y desde entonces cada generación ha tenido que redescubrir esta doctrina nuevamente. El aspecto más contradictorio de la cristiandad es que somos declarados justos ante Dios, no una vez que ponemos en orden nuestra vida, sino cuando reconocemos que nunca podremos hacerlo.

Pero la justificación es en gran medida una doctrina acerca de lo que Cristo ha hecho en el pasado, basada principalmente en Su muerte y resurrección. «En consecuencia, ya que *hemos sido* justificados...» (Rom. 5:1). Jesús murió y resucitó, y cuando ponemos nuestra fe en Él, somos justificados porque sufrió la muerte que merecemos.

¿Pero qué está Cristo haciendo ahora?

No tenemos que especular. La Biblia nos lo dice. Él está intercediendo por nosotros.

La justificación está ligada a lo que Cristo hizo en el pasado. La intercesión es lo que está haciendo en el presente.

Piénsalo de esta manera. El corazón de Cristo es una realidad constante que fluye a través del tiempo. No es como si Su corazón latiera por Su pueblo cuando estaba en la tierra y ya no lo hace ahora que está en el cielo. No es que Su corazón estallara de misericordia y lo condujera a la cruz, pero ahora se ha enfriado, cayendo en la indiferencia. Su corazón está tan atraído por Su pueblo ahora como siempre lo estuvo mientras vivió en la tierra. *Y la manifestación actual de Su corazón por Su pueblo es Su intercesión constante a favor nuestro.*

———

¿Qué es la intercesión?

En términos generales, significa que un tercero se interpone entre dos personas y presenta el caso de uno ante el otro. Piensa en un padre que intercede ante un maestro en nombre de un hijo o un agente deportivo que intercede ante un equipo en nombre de un atleta.

¿Qué significa entonces que Cristo interceda? ¿Quiénes son las partes involucradas? Dios el Padre, por un lado, y nosotros los creyentes, por el otro. ¿Pero por qué Jesús necesitaría interceder por nosotros? Después de todo, ¿acaso no hemos sido completamente justificados? ¿Por qué debe Cristo interceder en nuestro nombre? ¿No ha hecho ya todo lo que se necesita para absolvernos por completo? En otras palabras, ¿la doctrina de la intercesión celestial de Cristo significa que quedó algo incompleto en Su obra expiatoria en la cruz? Si hablamos de la obra *consumada* de Cristo en la cruz, ¿sugiere la doctrina de la intercesión que algo quedó pendiente en aquella cruz?

La respuesta es que la intercesión adjudica lo que la expiación logró. La actual intercesión celestial de Cristo a nuestro favor es un reflejo de la plenitud, la victoria y la integridad de Su obra terrenal, no un reflejo de que algo le falte. La expiación logró nuestra salvación; la intercesión es la apropiación momento a momento de esa obra expiatoria. En el pasado, Jesús hizo aquello sobre lo que ahora habla; en el presente, Jesús habla de lo que ya hizo. Por esta razón el Nuevo Testamento une la justificación y la intercesión, como en Romanos 8:33-34: «¿Quién acusará a los escogidos de Dios? Dios es el que justifica. ¿Quién es el que condenará? Cristo es el que murió; más aun, el que también resucitó, el que además está a la diestra de Dios, el que también intercede por nosotros». La intercesión es la constante «actualización» de nuestra justificación ante la corte celestial.

Si analizamos de manera más profunda, la intercesión de Cristo refleja cuán personal es nuestro rescate. Si conociéramos la muerte y resurrección de Cristo, pero no Su intercesión, estaríamos tentados a ver nuestra salvación en términos excesivamente estereotipados. Percibiríamos la salvación de forma mecánica, en lugar de considerar quién es Cristo. Su intercesión por nosotros refleja Su corazón: el mismo corazón que lo condujo a través de la vida y hasta la muerte en nombre de Su pueblo es el corazón que ahora se manifiesta en una constante súplica ante Su Padre para que siempre nos reciba.

Esto no significa que el Padre rehúse aceptarnos, o que el Hijo tenga una disposición más amorosa hacia nosotros que el Padre. (Consideraremos esto de forma más completa en el capítulo 14). La obra expiatoria del Hijo fue algo que el Padre y el Hijo acordaron con gozo en la eternidad pasada. La intercesión del Hijo no refleja la frialdad del Padre, sino la calidez del Hijo. Cristo no intercede porque el corazón del Padre no se interese por nosotros, sino porque el corazón del Hijo está volcado hacia nosotros. Pero el deleite más profundo del Padre es decir sí a la súplica del Hijo a favor nuestro.

Piensa en un hermano mayor animando a su hermano menor en una competencia de atletismo. Incluso si en el tramo final, el hermano menor está muy por delante y es seguro que gane la carrera, ¿se sentará tranquilo el hermano mayor y complacientemente satisfecho? En absoluto: grita a todo pulmón exclamaciones de aliento, de afirmación, de celebración, de victoria, de solidaridad. No puede permanecer callado. Así es con nuestro Hermano mayor.

John Bunyan escribió todo un libro sobre la intercesión celestial de Cristo llamado *Christ a Complete Savior* [Cristo, un Salvador pleno]. En una parte del libro explica cómo la doctrina de la intercesión está relacionada con el corazón de Cristo. Hay un lado objetivo de nuestra salvación que Bunyan pone en términos de justificación: Dios «nos justifica, no dándonos leyes, o convirtiéndose en nuestro ejemplo, o al seguirlo en algún sentido, sino por Su sangre derramada por nosotros. Él justifica al entregarse por nosotros, no al esperar algo de nosotros».[1] Pero unida a este lado objetivo del evangelio existe una realidad subjetiva; observa cómo lo expresa Bunyan:

> Así como debes conocerlo, y saber cómo son justificados los hombres a través de él, también debes saber la disposición que hay en Cristo para recibir y hacer que aquellos que lo necesitan vengan a Dios. Supongamos que Sus méritos fueran [completamente] eficaces, sin embargo, si se pudiera demostrar que a Él le repugna que estos méritos se otorguen a los que acuden a Él, habría pocos que se atreverían a acercarse. Pero nada le agrada más que otorgar lo que tiene a los pobres y necesitados.[2]

Incluso si creyéramos plenamente en la doctrina de la justificación y supiéramos que todos nuestros pecados fueron totalmente

---

1 *The Works of John Bunyan*, ed. George Offor, 3 vols. (reimp., Edimburgo: Banner of Truth, 1991), 1:221.
2 Ibíd.

perdonados, no vendríamos a Cristo con gozo si fuera un Salvador mezquino. Pero ahora que está en el cielo, Su postura, Su disposición, Su deseo más profundo es derramar Su corazón sobre nosotros.

El texto en el que Bunyan basó su libro, Hebreos 7:25, es quizás, en todo el Nuevo Testamento, el texto clave de la doctrina de la intercesión de Cristo. Después de reflexionar sobre el sacerdocio permanente de Cristo, el escritor concluye:

> Por lo cual puede también salvar perpetuamente a los que por él se acercan a Dios, viviendo siempre para interceder por ellos.

«Perpetuamente» es una palabra griega (*panteles*) que denota amplitud, plenitud e integridad exhaustiva. El otro lugar en que se utiliza en el Nuevo Testamento además de este es Lucas 13:11, donde describe a una mujer que no podía enderezarse «en ninguna manera», debido a que había estado discapacitada durante 18 años.

¿Cuál es la finalidad de decir que Cristo salva «perpetuamente»? Los que conocemos nuestros corazones entendemos. Somos pecadores perpetuos, y por lo tanto, necesitamos un Salvador perpetuo.

Cristo no solo nos ayuda. Él nos salva. Esto puede parecer obvio para aquellos que hemos caminado con el Señor por algún tiempo. Por supuesto que Jesús nos salva. Pero considera cómo funciona tu corazón. ¿No encuentras dentro de ti un impulso incesante de contribuir a Su obra? Tendemos a operar como si Hebreos 7:25 enseñara que Jesús «puede salvar *en su mayor parte* a los que por él se acercan a Dios». Pero la salvación que Cristo trae es *panteles*; integral, perpetua. En el contexto de Hebreos 7, parece haber un enfoque especial en el aspecto del *tiempo* de esta salvación.

Debido a que Jesús «tiene un sacerdocio inmutable» y «permanece para siempre» (v. 24), a diferencia de los sacerdotes anteriores que murieron (v. 23), Cristo «puede también salvar perpetuamente». Nuestra posición delante del favor divino y en la familia de Dios nunca menguará ni se apagará, como un motor que se queda sin gasolina.

Todos tendemos a tener un pequeño rincón de nuestra vida donde no creemos que el perdón de Dios sea suficiente. *Decimos* que hemos sido totalmente perdonados, y sinceramente creemos que nuestros pecados han sido perdonados. Bueno, casi todos. Existe una parte oscura de nuestras vidas, incluso hoy, que parece tan intratable, tan desagradable, tan irreparable. «Perpetuamente» en Hebreos 7:25 significa que el toque perdonador, redentor y restaurador de Dios llega hasta las grietas más oscuras de nuestras almas, aquellos lugares de los que más avergonzados estamos y donde hemos sido constantemente derrotados. Pero aún más: esas grietas del pecado son en sí los lugares donde Cristo nos ama más. Su corazón voluntariamente va allí. Su amor está *más* fuertemente atraído hacia ese lugar. Él nos conoce por completo y nos salva perpetuamente, porque Su corazón se siente atraído por nosotros perpetuamente. No podemos escapar de Su tierno cuidado.

¿Pero cómo lo sabemos? El texto nos señala: «Por lo cual puede también salvar perpetuamente a los que por él se acercan a Dios, *viviendo siempre para interceder por ellos*». La intercesión celestial de Cristo es la razón por la que sabemos que Él nos salvará perpetuamente.

Esto significa que el Hijo nunca cesa (observa la palabra «perpetuamente») de llevar Su vida expiatoria, Su muerte y Su resurrección ante el Padre. Cristo «dirige los ojos del Padre hacia Su propia justicia», escribió Calvino, «para desviar Su mirada de nuestros pecados. Él reconcilia tanto el corazón del Padre con nosotros que, mediante Su intercesión, nos prepara un camino y acceso al trono del Padre».[3] ¿Alcanzamos a comprender lo que esto significa? Considera la realidad bíblica. Este es el reconocimiento explícito de que los cristianos continuamos pecando. Cristo continúa intercediendo en nuestro nombre en el cielo porque seguimos fallando aquí en la tierra. No nos perdona a través de Su obra en la cruz y luego espera que sigamos solos el resto del camino. Imagina un planeador que es levantado hacia el cielo por un avión y que pronto será lanzado para planear hasta aterrizar en la tierra. Nosotros somos ese planeador; Cristo es el avión. Pero Él nunca nos suelta. Nunca nos deja ir, deseándonos buen viaje y esperando que podamos planear el resto del camino. Nos lleva hasta el final.

Entonces, una forma de considerar la intercesión de Cristo es pensar que Jesús está orando por ti en este momento. «Es un pensamiento que nos brinda consuelo», escribió el teólogo Louis Berkhof, «Cristo está orando por nosotros, incluso cuando somos negligentes en nuestra vida de oración».[4] Nuestra vida de oración es deficiente la mayor parte del tiempo. Pero ¿qué pasaría si escucharas a Jesús orando en voz alta por ti en la habitación de al lado? Pocas cosas nos darían tanta paz.

———

En la actualidad, la doctrina de la intercesión celestial de Cristo ha sido descuidada. Es una lástima, porque es una verdad consoladora que brota directamente del corazón de Cristo. Mientras que la doctrina de la expiación nos da paz con lo que Cristo ha hecho

---

3   Juan Calvino, *Institutes of the Christian Religion*, ed. John T. McNeill, trad. Ford L. Battles, 2 vols. (Louisville, KY: Westminster John Knox, 1960), 2.16.16.
4   Louis Berkhof, *Systematic Theology*, (Edimburgo: Banner of Truth, 1958), 400.

en el pasado, la doctrina de Su intercesión nos da paz con lo que está haciendo en el presente.

Si estás en Cristo, tienes un Intercesor, un Mediador, que felizmente celebra con Su Padre la razón por la que ambos pueden recibirte con los brazos abiertos. Richard Sibbes escribió:

> Qué consuelo recibimos cuando nos acercamos diariamente a Dios, quien nos ministra audazmente en todas nuestras áreas, al acudir a Él en nombre de Alguien a quien ama, en quien Su alma se deleita, nuestro Amigo en la corte, un Amigo en el cielo para nosotros, que está a la diestra de Dios, y se interpone allí a favor nuestro, haciendo nuestras oraciones aceptables [...]. Asegúrate, por lo tanto, de ir acompañado de nuestro Hermano mayor [...]. Dios nos mira con amor y se deleita en nosotros a través de Él.[5]

Pecamos continuamente, pero Su salvación es perpetua. Y Su salvación siempre supera y abruma nuestros pecados, porque Él siempre vive para interceder por nosotros.

---

5 Richard Sibbes, *A Description of Christ*, en *The Works of Richard Sibbes*, ed. A. B. Grosart, 7 vols. (Edimburgo: Banner of Truth, 1983), 1:13.

9

Abogado

UN CONCEPTO ESTRECHAMENTE RELACIONADO con la intercesión es el de la abogacía. Las dos ideas se superponen, pero hay un matiz ligeramente diferente en las palabras griegas detrás de cada una. La intercesión transmite la idea de mediar entre dos partes, uniéndolas. La abogacía es similar, pero tiene la idea de alinearse a otro. Un intercesor se interpone entre dos partes; un defensor no solo se interpone entre las dos partes, sino que se acerca y se pone del lado de una de las partes mientras se acerca a la otra. Jesús no es solo un intercesor, sino también un defensor. Y al igual que la intercesión, la abogacía es una enseñanza que la Iglesia ha descuidado, y que surge desde lo más profundo del corazón de Cristo.

Bunyan escribió un libro sobre Hebreos 7:25, el texto clave para la intercesión celestial de Cristo; también escribió uno sobre 1 Juan 2:1, el texto clave para la abogacía de Cristo, que dice:

Hijitos míos, estas cosas os escribo para que no pequéis; y si alguno hubiere pecado, abogado tenemos para con el Padre, a Jesucristo el justo.

El mensaje de gracia del Nuevo Testamento no es moralmente indiferente. El evangelio nos llama a dejar el pecado. Juan señala explícitamente que escribió esta carta para que sus lectores no pequen. Y si ese fuera el único mensaje de la carta, sería una enseñanza válida y apropiada, pero nos destrozaría. No solo necesitamos exhortación, sino también liberación. No solo necesitamos a Cristo como Rey, sino también a Cristo como Amigo. No solo gobernando sobre nosotros, sino junto a nosotros. Y eso es lo que nos da el resto del versículo.

Y si alguno hubiere pecado, abogado tenemos para con el Padre, a Jesucristo el justo.

———

La palabra griega traducida en 1 Juan 2:1 como «abogado» (*parákletos*) se utiliza cinco veces en el Nuevo Testamento. Las otras cuatro se encuentran en el discurso del aposento alto en Juan 14–16, y hacen referencia al ministerio del Espíritu Santo después de que Jesús asciende al cielo (14:16, 26; 15:26; 16:7). Es difícil captar el significado de *parákletos* con una sola palabra en español. La dificultad se refleja en la diversidad de traducciones, incluyendo «defensor» (DHH, PDT), «intercesor» (NVI, CST, BLP) y «abogado» (LBLA, NBV, NTV). Muchas de estas traducciones contienen una nota textual al pie de página que ofrece traducciones alternativas, lo que refleja la dificultad de expresar *parákletos* con una sola palabra en español. La idea que transmite es la de alguien que aparece en nombre de otro; quizás «abogado» se acerca más que el resto de las palabras en español al expresar el papel de un *parákletos*. (Los primeros teólogos como Tertuliano y Agustín, que escribían en latín con frecuencia, traducían *parákletos* en el Nuevo Testamento con *advocatus*).[1]

El texto de 1 Juan continúa inmediatamente diciendo que Jesús también es «la propiciación por nuestros pecados» (1 Jn. 2:2). Que Jesús sea nuestra «propiciación» significa que alivia o disipa la justa ira del Padre hacia nuestros pecados. Es un término legal, objetivo. Que Cristo sea nuestro abogado puede tener una leve connotación legal, pero con mayor frecuencia, en la literatura fuera del Nuevo Testamento, se relaciona con algo más subjetivo, que expresa una profunda solidaridad. Jesús comparte nuestra experiencia. Él siente lo que nosotros sentimos. Se acerca. Y habla con pasión en nuestro nombre.

¿Para quién es este defensor? El texto nos dice es para cualquiera: «Y si alguno hubiere pecado». El único requisito es desearlo.

¿Cuándo seremos defendidos? El texto no dice «tendremos un abogado», sino «abogado *tenemos*». Todos los que están en Cristo tienen, en este momento, alguien que aboga por ellos.

¿Por qué este defensor puede ayudarnos? El texto enseña que Él es «justo». Él y solo Él. Nosotros somos injustos, pero Él es justo. Incluso nuestro mejor arrepentimiento por nuestro pecado está plagado de más pecados que necesitan más perdón. Venir al Padre sin un abogado es inútil. Aliarse con un abogado, con alguien que vino y me buscó en lugar de esperar a que yo fuera a Él, alguien que es justo en todos los aspectos a diferencia de mí, nos brinda calma y confianza ante el Padre.

---

1 F. W. Danker, ed., *A Greek-English Lexicon of the New Testament and Other Early Christian Literature*, 3° ed. (Chicago: University of Chicago Press, 2000), 766.

Analicemos ahora la diferencia entre la intercesión de Cristo y Su abogacía al resaltar la diferencia entre Hebreos 7:25 y 1 Juan 2:1. Hebreos 7:25 señala que Cristo siempre vive para interceder por nosotros, mientras que 1 Juan 2:1 dice: «Y si alguno hubiere pecado, abogado tenemos».

¿Observas la diferencia? La intercesión es algo que Cristo siempre está haciendo, mientras que la defensa es algo que hace cuando la ocasión lo requiere. Aparentemente intercede por nosotros dada nuestra pecaminosidad general, pero aboga por nosotros en el caso de pecados específicos. Bunyan lo explica así:

> Cristo, como sacerdote, va antes, y Cristo, como abogado, viene después.
>
> Cristo, como sacerdote, intercede continuamente; Cristo, como abogado, suplica en caso de grandes transgresiones.
>
> Cristo, como sacerdote, tiene que actuar siempre, pero Cristo, como abogado, solo en ocasiones.
>
> Cristo, como sacerdote, actúa en tiempo de paz; pero Cristo, como abogado, en tiempos de turbulencias y contiendas; por lo tanto, Cristo, como abogado, es, como se le puede llamar, un respaldo, y Su tiempo de levantarse, actuar y suplicar, llega cuando los Suyos cometen algún pecado inmundo.[2]

Considera la naturaleza *personal* de la abogacía de Cristo. No es una parte estática de Su obra. Su defensa aumenta cuando la ocasión lo requiere. La Biblia en ninguna parte enseña que una vez que somos salvos en Cristo, los pecados son cosa del pasado. Al contrario, es nuestro estado de regeneración lo que nos ha hecho más sensibles a la inmundicia de nuestros pecados. Nuestros pecados se sienten

---

2 John Bunyan, *The Work of Jesus Christ as an Advocate*, en *The Works of John Bunyan*, ed. G. Offor, 3 vols. (reimp., Edimburgo: Banner of Truth, 1991), 1:169.

mucho más pecaminosos después de habernos convertido en creyentes que antes. Y no es solo nuestra percepción hacia el pecado, también seguimos pecando después de convertirnos en creyentes. A veces cometemos grandes pecados. Y para eso es la defensa de Cristo. Es la forma en que Dios nos anima a no tirar la toalla. Sí, le fallamos a Cristo como discípulos Suyos. Pero Su abogacía a favor nuestro se eleva más que nuestros pecados. Su defensa habla más fuerte que nuestros fracasos. Él se encarga de todo.

Cuando pecas, recuerda tu posición legal ante Dios debido a la obra de Cristo, pero también considera a tu abogado ante el Padre debido al amor de Cristo. Él se levanta y defiende tu causa, basándose en los méritos de Sus propios sufrimientos y Su muerte. Su salvación no es solo una cuestión de una fórmula salvadora, sino de una Persona salvadora. Cuando pecas, Su vigor de determinación es aún mayor. Cuando Sus hermanos y hermanas fallan y tropiezan, Él aboga por ellos *porque así es Él*. No puede soportar dejarnos solos.

———

Considera tu propia vida. ¿Cómo piensas que es la actitud de Jesús hacia ese oscuro rincón de tu vida que solo tú conoces? La excesiva dependencia del alcohol. Los brotes de ira, una y otra vez. El negocio turbio en tus finanzas. La obsesiva complacencia hacia las personas que los demás consideran amabilidad, pero que sabes que es temor al hombre. El resentimiento arraigado que explota en acusaciones a espaldas de otros. El uso habitual de la pornografía.

¿Quién *es* Jesús en esos momentos de vacío espiritual? No estoy hablando de quién es Él una vez que vences el pecado, sino de quién es Él en medio de tu pecado. El apóstol Juan enseña que se levanta y desafía a todos tus acusadores. «Satanás tuvo la primera palabra, pero Cristo la última», escribió Bunyan. «Satanás debe quedarse sin palabras después de la intervención de nuestro abogado».[3] Jesús es nuestro *parákeltos*, nuestro defensor reconfortante, el que está más cerca de lo que pensamos, y cuyo corazón es tal que se pone de pie y habla en nuestra defensa *cuando* pecamos, no después de que superemos el pecado. En ese sentido, Su defensa es nuestra conquista sobre el pecado.

Por supuesto, somos llamados a abandonar nuestros pecados, y ningún buen cristiano sugeriría lo contrario. Cuando elegimos pecar, abandonamos nuestra verdadera identidad como hijos de Dios, invitamos a la miseria a nuestras vidas y desagradamos a nuestro Padre celestial. Somos llamados a madurar y profundizar en la santidad personal mientras caminamos con el Señor, a crecer en nuestra consagración y tener nuevos niveles de obediencia. Pero cuando no lo hacemos, cuando elegimos pecar, aunque abandonamos nuestra verdadera identidad, nuestro Salvador no nos abandona. Estos son los momentos en que Su corazón estalla a nuestro favor y nos defiende en el cielo con una defensa contundente que silencia todas las acusaciones, asombra a los ángeles y celebra el abrazo del Padre hacia nosotros a pesar de todo nuestro caos.

¿Qué clase de cristianos emergen de esta doctrina?

Los humanos caídos se defienden por naturaleza. Brota desde nuestro interior la autoexoneración. No es necesario que enseñemos a los niños pequeños a poner excusas cuando son descubiertos portándose mal. Existe un mecanismo natural que se pone en marcha de inmediato para explicar por qué no fue realmente su culpa. Nuestros corazones caídos fabrican intuitivamente razones por las cuales nuestra falta no es realmente tan mala. La caída se

---

3   Bunyan, *Works of John Bunyan*, 1:194.

manifiesta no solo en nuestro pecado, sino también en nuestra respuesta a nuestro pecado. Minimizamos, excusamos, explicamos. En resumen, hablamos, aunque solo sea en nuestros corazones, en nuestra defensa. Abogamos por nosotros mismos.

¿Qué pasaría si nunca tuviéramos que abogar por nosotros mismos porque otro se ha comprometido a hacerlo? ¿Qué pasaría si ese defensor supiera exhaustivamente cuán corrompidos estamos y, al mismo tiempo, pudiera defendernos mejor que nunca sin culpas ni excusas (la manera en que nuestra defensa típicamente funciona) sino de manera perfectamente justa, señalando Su sacrificio y sufrimientos en la cruz en nuestro lugar? Seríamos libres. Libres de la necesidad de defendernos, libres de reforzar nuestro sentido de valía a través del esfuerzo personal, libres de exhibir silenciosamente ante los demás nuestras virtudes, conociendo en el fondo nuestras inferioridades y debilidades. Podemos dejar que nuestro caso sea presentado por Cristo, el único justo. Bunyan lo expresa de mejor forma:

> Cristo pagó el precio con Su sangre, pero eso no es todo; Cristo, como un Capitán, ha conquistado la muerte y la tumba por nosotros, pero eso no es todo; Cristo, como sacerdote, intercede por nosotros en el cielo; pero eso no es todo. El pecado todavía está en nosotros y con nosotros, y se mezcla con todo lo que hacemos, ya sea en el ámbito religioso o civil; ya que no solo nuestras oraciones y nuestros sermones, sino también nuestras casas, nuestros comercios y nuestras camas están contaminados con el pecado.
>
> Tampoco el diablo, nuestro adversario día y noche, se abstiene de llevar nuestras malas acciones a nuestro Padre, instándolo a que seamos desheredados para siempre.
>
> Pero, ¿qué sucedería si no tuviéramos un defensor? Si no tuviéramos uno que suplicara, alguien que pudiera prevalecer y que

ejecutara fielmente ese oficio a favor nuestro. Seríamos condenados a muerte.

Pero ya que somos rescatados por Él, cubrámonos la boca con la mano y callemos.[4]

No minimices tu pecado ni lo excuses. No te defiendas. Simplemente llévalo al que ya está a la diestra del Padre, abogando por ti en base a Sus propias heridas. Permite que tu propia injusticia, con toda tu oscuridad y desesperación, te conduzca a Jesucristo, el justo, con todo Su esplendor y suficiencia.

4 Bunyan, *Works of John Bunyan*, 1:197.

10

La belleza del corazón de Cristo

El que ama a padre o madre más que a mí,
no es digno de mí...

MATEO 10:37

En el verano de 1740, Jonathan Edwards predicó un sermón enfocado a los niños de su congregación, especialmente para aquellos que tenían entre uno y catorce años. Imagina al gran teólogo preparándose en su estudio de Northampton, Massachusetts, considerando qué predicar a los niños de su iglesia. El sermón ocupaba doce pequeñas páginas con su letra fina, florida y manuscrita. En la parte superior de la primera página simplemente se leía: «A los niños, agosto de 1740».

¿Qué esperarías que el mejor teólogo de la historia de los Estados Unidos dijera a los niños de su congregación? Este fue el propósito principal de Edwards: «Los niños deben amar al Señor Jesucristo sobre todas las cosas del mundo».[1]

---

1 Jonathan Edwards, «Children Ought to Love the Lord Jesus Christ Above All», en *The Works of Jonathan Edwards*, vol. 22, *Sermons and Discourses* 1739-1742, ed. Harry S. Stout y Nathan O. Hatch (New Haven, CT: Yale University Press, 2003), 171.

Utilizó Mateo 10:37 como texto base: «El que ama a padre o madre más que a mí, no es digno de mí». Fue un sermón corto, que se extendió apenas 15 o 20 minutos. En él, Edwards enumeró seis razones por las cuales los niños deberían amar a Jesús más que a cualquier otra cosa en la vida. La primera es:

> No hay amor tan grande y maravilloso como el que está en el corazón de Cristo. Él se deleita en la misericordia, está listo para compadecerse de aquellos que están en medio de circunstancias dolorosas; Él se deleita en la felicidad de Sus criaturas. El amor y la gracia que Cristo ha manifestado exceden por mucho todo lo que hay en este mundo, tanto así como el sol es más brillante que una vela. Los padres a menudo están llenos de amabilidad hacia sus hijos, pero no se compara al amor de Jesucristo.

Lo primero que Jonathan Edwards muestra a los niños de su iglesia, al exhortarlos a amar a Jesús más que todo lo que este mundo puede ofrecer, es el corazón de Cristo. Y en este sermón y en todos sus escritos en general, Edwards nos conduce en una dirección diferente a la que Goodwin y otros teólogos han acostumbrado seguir. Cuando Edwards habla sobre el corazón de Cristo, a menudo enfatiza la belleza de Su bondadoso corazón. Esto es digno de un capítulo.

———

Observa nuevamente lo que dice Edwards: «No hay amor tan grande y maravilloso como el que está en el corazón de Cristo».

Los seres humanos fuimos creados con una atracción hacia la belleza. Somos cautivados por ella. Edwards entendió este concepto y observó que esta atracción hacia la belleza también ocurre en las cosas espirituales; de hecho, Edwards diría que cualquier tipo de belleza es solo una sombra o un eco de la belleza espiritual. A lo largo de su ministerio, Edwards buscó atraer a las personas con la belleza de Cristo, y eso es lo que transmitió a los niños de su iglesia en agosto de 1740. Más adelante en este sermón, comentó: «Todo lo hermoso de Dios está en Cristo, y todo lo que es o puede ser hermoso en cualquier hombre está en Él, porque Él es hombre y también Dios, y es el hombre más santo, manso, humilde y, en todos los sentidos, el hombre más excelente que haya existido».[2]

Toda belleza está en Jesús porque «Él es el hombre más santo, manso, humilde y, en todos los sentidos, el hombre más excelente que haya existido». Este lenguaje de la mansedumbre y humildad de Cristo es la forma en que Él mismo describe Su propio corazón en Mateo 11:29. En otras palabras, el corazón manso de Jesús lo adorna con belleza o, dicho de otra manera, lo que más nos atrae a Cristo es Su corazón manso, tierno y humilde.

En nuestras iglesias, a menudo nos referimos a la gloria de Dios y a la gloria de Cristo. Pero ¿qué tiene la gloria de Dios que nos atrae, nos hace conquistar nuestros pecados y nos transforma en personas radiantes? ¿Será acaso el tamaño de Dios, o considerar la inmensidad del universo y, por lo tanto, del Creador, o la percepción de la grandeza trascendente de Dios, lo que nos empuja hacia Él? No, diría Edwards; es la belleza de Su corazón. «Es contemplar la belleza divina de Cristo lo que inclina las voluntades y atrae los corazones de los hombres. Ver la grandeza de los atributos de Dios puede abrumar a los hombres». Pero observar la grandeza de Dios no es nuestra necesidad más profunda, sino contemplar Su bondad. Al ver solo Su grandeza, «la enemistad y oposición del

2 Edwards, *Works*, 22:172.

corazón pueden permanecer estoicas, y la voluntad seguirá siendo inflexible; mientras que contemplar la gloria moral y espiritual de Dios, y la suprema bondad de Jesucristo, que ilumina el corazón, vence y elimina esta oposición e inclina el alma a Cristo, por así decirlo, a través de un poder omnipotente».[3]

Somos atraídos a Dios por la belleza del corazón de Jesús. En otro sermón, Edwards declaró que cuando los pecadores y heridos vienen a Cristo, «la persona que encuentran es excelente y amorosa». Porque vienen a alguien que no solo es «de excelente majestad y de perfecta pureza y esplendor», sino también alguien en quien esta majestad está «unida con la gracia más dulce, una que se viste de mansedumbre, bondad y amor».[4] Jesús está «muy deseoso de recibirlos». Dada su pecaminosidad, se sorprenden al descubrir que sus pecados hacen que Él esté aún más listo para recibirlos. «Lo encuentran inesperadamente con los brazos abiertos para abrazarlos, preparado para olvidar todos sus pecados como si nunca los hubieran cometido».[5]

En otras palabras, cuando venimos a Cristo, nos sorprende la belleza de Su acogedor corazón. La sorpresa es lo que nos atrae.

———

¿Hemos considerado la belleza del corazón de Cristo?

Quizás la belleza no es un concepto que viene con facilidad a la mente cuando pensamos en Cristo. Quizás pensemos en Dios

3 Jonathan Edwards, «True Grace, Distinguished from the Experience of Devils» en *The Works of Jonathan Edwards*, vol. 25, *Sermons and Discourses*, 1743-1758, ed. Wilson H. Kimnach (New Haven, CT: Yale University Press, 2006), 635.

4 Jonathan Edwards, «Seeking After Christ» en *The Works of Jonathan Edwards*, vol. 25, *Sermons and Discourses*, 1743-1758, ed. Harry S. Stout y Nathan O. Hatch (New Haven, CT: Yale University Press, 2003), 289.

5 Edwards, *Works of Jonathan Edwards*, 22:290.

y en Cristo en términos de verdad y no de belleza. Pero la razón por la que debemos preservar la sana doctrina es para cuidar la belleza de Dios, así como la razón por la que utilizamos el lente correcto en una cámara es capturar con precisión la belleza en una fotografía.

Permite que Jesús te atraiga a través de la belleza de Su corazón. Se trata de un corazón que reprende al obstinado con toda la dureza necesaria, pero abraza al penitente con el mayor recibimiento que podemos sentir. Es un corazón que nos lleva al prado resplandeciente del amor de Dios. Es un corazón que atrajo a los despreciados y abandonados a Sus pies y les dio esperanza. Es un corazón de perfecto equilibrio y proporción, que nunca reacciona de forma exagerada, nunca excusa, nunca arremete. Es un corazón que palpita de amor por los desprovistos. Es un corazón que cubre el sufrimiento con Su consuelo y solidaridad. Es un corazón manso y humilde.

Así que permite que el corazón de Jesús no solo sea manso hacia ti, sino también amoroso. Quizás puedo decirlo de esta manera: *sueña* con el corazón de Jesús; reflexiona sobre Él a través de Sus sentimientos. Déjate seducir. ¿Por qué no apartas un tiempo en tu vida diaria para considerar quién es Él realmente, qué lo anima, cuál es Su mayor deleite? ¿Por qué no le das a tu alma espacio para volver a enamorarse de Cristo una y otra vez?

Cuando miras a los creyentes más maduros de tu iglesia, ¿cómo crees que llegaron allí? Buena doctrina, sí. Obediencia, sin duda. Sufriendo sin volverse cínico, seguro. Pero tal vez otra razón, tal vez la razón más importante, es que, con el tiempo, sus afectos han sido conquistados por un Salvador bondadoso. Tal vez simplemente hayan probado, durante muchos años, la maravilla de un Cristo que es atraído por sus pecados. Quizás no solo sabían que Jesús los amaba, sino que también lo sentían.

———

No podemos cerrar este capítulo sin pensar en los niños en nuestras vidas. Jonathan Edwards les dijo a los niños que conocía: «No hay amor tan grande y maravilloso como el que está en el corazón de Cristo». ¿Cómo podríamos, a nuestra manera, hacer lo mismo?

¿Qué necesitan los niños que saludamos en los pasillos de nuestra iglesia? Sí, necesitan amigos, aliento, apoyo académico y buena alimentación. Pero, ¿podría ser que la verdadera necesidad, lo que los sostendrá y nutrirá cuando todas estas otras necesidades vitales no sean satisfechas, es saber quién es Jesús para ellos y qué siente por ellos?

Si somos padres, ¿cuál es nuestro trabajo con nuestros hijos? Esta pregunta podría tener cientos de respuestas válidas. Pero esencialmente, nuestro trabajo es mostrarles a nuestros hijos que incluso nuestro amor por ellos es una sombra de un amor más grande. Debemos hacer que el tierno corazón de Cristo sea irresistible e inolvidable para ellos. Nuestro objetivo es que cuando nuestros hijos se vayan de la casa no vivan el resto de sus vidas creyendo que sus pecados y sufrimientos ahuyentan a Cristo.

Este es quizás el mejor regalo que me ha dado mi propio padre. Él nos enseñó a mis hermanos y a mí una sana doctrina mientras crecíamos, cosa que es poco frecuente en la vida familiar evangélica de hoy. Pero hay algo que mi padre me enseñó que es aún más profunda que la verdad sobre Dios: el corazón de Dios, en Cristo, el amigo de los pecadores. Papá hizo que ese corazón fuera hermoso para mí. No me arrastró a él; me condujo hacia él. Nosotros también tenemos el privilegio de encontrar formas creativas de conducir a los niños al corazón de Jesús. Su deseo de acercarse a los pecadores y enfermos no solo es doctrinalmente cierto, sino ampliamente atractivo.

11

La vida emocional de Cristo

Jesús entonces, al verla llorando, y a los judíos que la acompañaban,
también llorando, se estremeció en espíritu y se conmovió.

JUAN 11:33

UNA DE LAS DOCTRINAS en el área de la cristología que es difícil
de entender para algunos creyentes es la humanidad permanente de
Cristo. A menudo solemos pensar que el Hijo de Dios se encarnó
para descender a la tierra, pasó más de tres décadas como humano,
y luego regresó al cielo para volver al estado que tenía antes de la
encarnación.

Pero este pensamiento es un error cristológico, si no una herejía
absoluta. El Hijo de Dios se vistió de humanidad y nunca se des-
pojará de ella. Se convirtió en un hombre y siempre lo será. Este es
el significado de la doctrina de la ascensión de Cristo: fue al cielo
con el mismo cuerpo, reflejando Su total humanidad que venció
a la tumba. Él es y siempre ha sido divino también, por supuesto.
Pero Su humanidad, una vez que la tomó, nunca terminará. El
Catecismo de Heidelberg enseña lo siguiente sobre Cristo: «Tenemos
nuestra propia carne en el cielo» (p. 49).

De la humanidad permanente del Señor se desprende que cuando vemos el sentimiento, las pasiones y los afectos del Cristo encarnado hacia los pecadores y enfermos que relatan los cuatro Evangelios, *observamos quién es Jesús para nosotros hoy*. El Hijo no ha retomado el estado incorpóreo en el que existía antes de encarnarse.

El Hijo se vistió de humanidad verdadera, plena y completa. De hecho, Jesús fue la persona más humana que jamás haya vivido. Herejías antiguas como el eutiquianismo y el monofisismo consideraban a Jesús una especie de mezcla entre lo humano y lo divino, alguien que estaba en algún punto entre Dios y el hombre; dichas herejías fueron condenadas en el cuarto concilio ecuménico en Calcedonia (hoy Turquía) en el año 451. El credo de Calcedonia, que surgió de ese concilio, habla de Jesús como «verdaderamente Dios y verdaderamente hombre» en lugar de una mezcla de ambos. Lo que sea que signifique ser humano (y un humano sin pecado), eso es lo que Jesús fue y sigue siendo. Y las emociones son una parte esencial del ser humano. Nuestras emociones están distorsionadas por la caída, por supuesto, al igual que cada parte de la humanidad caída. Pero los sentimientos no son en sí mismos el resultado de la caída. Jesús experimentó toda la gama de emociones que nosotros experimentamos (Heb. 2:17; 4:15).[1] Calvino lo expresó de la siguiente manera: «El Hijo de Dios se vistió con nuestra carne, y por Su propia voluntad también se apropió de sentimientos humanos, de modo que no difería en absoluto de Sus hermanos, exceptuando solo el pecado».[2]

El gran teólogo de Princeton, B. B. Warfield (1851-1921) escribió un famoso ensayo en 1912 que se titula: «Sobre la vida

---

1 B. B. Warfield, *The Person and Work of Christ*, (Oxford, UK: Benediction Classics, 2015), 137-38.
2 Juan Calvino, *Commentary on the Gospel according to John, vol. 1*, trad. William Pringle (Grand Rapids, MI: Baker, 2003), 440.

emocional de nuestro Señor». En él exploró lo que los Evangelios revelan sobre la vida interior de Cristo, lo que Warfield llama Su vida «emocional». Warfield no se refiere a lo que a menudo queremos decir con la palabra «emocional»: desequilibrado, impulsivo, dominado por los sentimientos de forma poco saludable. Él simplemente resalta lo que Jesús *sintió*. Y mientras reflexiona sobre las emociones de Cristo, Warfield observa repetidamente la forma en que Sus emociones fluyen desde Sus sentimientos más profundos.

¿Qué observamos entonces en los Evangelios sobre la vida emocional de Jesús? ¿Cómo es una vida emocional piadosa? Es una vida interior de perfecto equilibrio, proporción y control, por un lado; pero también de gran profundidad de sentimientos.

Warfield reflexiona sobre varias emociones que vemos reflejadas en Jesús en los Evangelios. Dos de estas, la compasión y la ira, se exploran de una manera que complementa nuestro propio estudio sobre el corazón de Cristo.

———

Warfield comienza su estudio sobre las emociones en la vida de Cristo de esta manera:

> La emoción que naturalmente deberíamos esperar que con mayor frecuencia se le atribuya a Jesús, cuya vida entera fue una misión de misericordia, y cuyo ministerio estuvo tan marcado por los actos de bondad que se resumió en la memoria de Sus seguidores como un paso por la tierra «haciendo bienes» (Hech. 10:38), es sin duda, Su «compasión». De hecho, esta es la emoción que se le atribuye con mayor frecuencia.[3]

3 Warfield, *Person and Work of Christ*, 96.

Luego cita ejemplos específicos de la compasión de Cristo. En todo momento, trata de ayudarnos a ver que Jesús no simplemente actuó con compasión, sino que en realidad sintió angustia y tuvo piedad de los que sufrían. Cuando los ciegos, los cojos y los afligidos apelaron a Jesús, «Su corazón respondió con un profundo sentimiento de piedad hacia ellos. Su compasión dio lugar a un acto externo, pero lo que resalta el término empleado para expresar la respuesta de nuestro Señor es [...] la profunda conmoción interna de Su naturaleza emocional».[4] Por ejemplo, al escuchar la súplica de dos ciegos (Mat. 20:30-31) o la del leproso que anhelaba ser limpiado (Mar. 1:40), o simplemente al ver (sin escuchar ninguna súplica) a una viuda angustiada (Luc. 7:12), «el corazón del Señor se llenaba de compasión».[5]

En cada uno de estos casos, se describe que las acciones de Jesús fueron impulsadas por Sus sentimientos (Mat. 20:34; Mar. 1:41; Luc. 7:13). La palabra griega es *splanjnízomai*, que a menudo se traduce «tener compasión». Pero la palabra denota más que una lástima pasajera; se refiere a un profundo sentimiento que sacude el corazón y los anhelos. La forma nominal de este verbo significa, literalmente: «tripas» o «intestinos».

Sin embargo, Warfield es particularmente perspicaz sobre lo que implica esta compasión en nuestra forma de entender quién es Jesús y cómo es realmente Su vida emocional. A lo largo de su ensayo, Warfield reflexiona sobre el hecho de que Jesús es el único ser humano perfecto que ha caminado sobre la faz de la tierra; ¿cómo, entonces, debemos entender Su vida emocional y, específicamente, Su compasión? Observamos que las emociones

4 Warfield, *Person and Work of Christ*, 97-98.
5 Ibíd., 98.

de Cristo son más profundas que las nuestras, porque era verdaderamente humano (en oposición a una mezcla divino-humana) y porque era un humano perfecto.

Quizás nos ayude un ejemplo. Recuerdo caminar por las calles de Bangalore, India, hace unos años. Acababa de terminar de predicar en una iglesia de la ciudad y estaba esperando que llegara mi transporte. Justo afuera de los terrenos de la iglesia había un hombre mayor, aparentemente sin hogar, sentado en una gran caja de cartón. Su ropa estaba andrajosa y sucia, y le faltaban varios dientes. Y lo que me pareció más angustiante fueron sus manos. La mayoría de sus dedos estaban parcialmente carcomidos. Estaba claro que no habían sido dañados por una lesión, sino que simplemente se habían consumido con el tiempo. Era leproso.

¿Qué sucedió en ese momento en mi corazón corrupto y propenso a extraviarse? Tuvo compasión. Pero fue una fría compasión. La caída me ha arruinado en todos mis aspectos, incluidas mis emociones. Después de la caída, las emociones no solo exageran pecaminosamente; también reaccionan de manera insuficiente. ¿Por qué mi corazón fue tan frío hacia este miserable hombre? Porque soy un pecador.

Entonces, ¿cómo sería que un hombre sin pecado, con emociones completamente funcionales, contemplara a ese leproso? El pecado contuvo mis emociones de compasión; ¿cómo sería la compasión sin esa restricción?

Eso es lo que Jesús sintió: compasión perfecta y sin restricciones. ¿Cómo habrá sido este sentimiento al surgir en Su interior? ¿Cómo sería la piedad perfecta, mediada no a través de un oráculo profético como en el Antiguo Testamento, sino a través de un ser humano real? ¿Y si ese humano todavía es humano, aunque ahora esté el cielo, y nos mira a cada uno de nosotros, leprosos espirituales, con compasión sin restricciones, un afecto que fluye sin ser limitado por el egoísmo pecaminoso que restringe nuestra propia compasión?

———

No pensemos solo en la compasión. ¿Cómo sería la ira perfecta?

Esta es quizás la contribución clave del ensayo de Warfield, y puede responder a la duda en tu propia mente sobre el corazón de Cristo. Es decir, ¿cómo encaja este énfasis en el corazón de Cristo, Su corazón manso y humilde, Su profunda compasión, con los episodios de ira que encontramos en los Evangelios? ¿Estamos siendo parciales si nos centramos en Su bondad? ¿No es Él también iracundo?

Considera lo que señala Warfield cuando comienza a explorar la ira de Jesús. Después de apuntar que es cuestión de perfección moral no solo distinguir entre el bien y el mal, sino también sentirse atraído hacia uno y repelido por el otro, declara:

> Sería imposible, por lo tanto, para un ser moral, estar en presencia de percepciones erróneas y permanecer indiferente e inmóvil. Precisamente, lo que entendemos por ser moral es ser perceptivo de la diferencia entre lo correcto y lo incorrecto y reaccionar adecuadamente a lo correcto y lo incorrecto percibido como tal. Las emociones de indignación e ira pertenecen, por lo tanto, a la propia expresión de un ser moral y no pueden faltar en presencia del mal.[6]

Warfield señala que sería contradictorio que un humano moralmente perfecto como Cristo *no* se enojara. Quizás sentimos que en la medida en que enfatizamos la compasión de Cristo, descuidamos

6 Warfield, *Person and Work of Christ*, 107.

Su ira; y en la medida en que enfatizamos Su ira, descuidamos Su compasión. Pero lo que debemos ver es que ambos aumentan y disminuyen juntos. Un Cristo sin compasión nunca podría haberse enojado por las injusticias a Su alrededor, la severidad y la barbarie humana, incluso la que fluye de la élite religiosa. No, «la compasión y la indignación surgen juntas en Su alma».[7] Es el padre que más ama a su hija cuya ira aumenta con mayor intensidad si es maltratada. Considera la ira de Jesús a través del siguiente silogismo:

Premisa n.° 1: La bondad moral rechaza con ira e indignación el mal.

Premisa n.° 2: Jesús es el epítome de la bondad moral; es moralmente perfecto.

Conclusión: Jesús rechaza el mal con ira e indignación de manera más severa que nadie.

Sí, Jesús pronunció fuertes denuncias contra aquellos que hacían tropezar a los niños, declarando que ahogarse sería incluso un mejor castigo en comparación a lo que les esperaba (Mat. 18:6), no porque alegremente disfrute de torturar a los malvados, sino porque ama a los niños. Es Su corazón de amor, no una exagerada sed de justicia, lo que surge de Su alma para provocar una declaración tan temible.

Del mismo modo, con el pronunciamiento sostenido del juicio sobre los escribas y fariseos en Mateo 23, ¿qué alimentaba censuras tan terroríficas? Fue Su preocupación por aquellos que eran engañados y maltratados por estos eruditos religiosos. Los que escuchaban a estos maestros recibían «cargas pesadas y difíciles de llevar» (Mat. 23:4). Convertían a estas personas en «dos veces más hijo[s]

7 Ibíd., 141.

del infierno» que los escribas y fariseos (23:15). En resumen, los escribas y fariseos fueron culpables de la sangre de toda una generación de profetas justos (23:34-35). Su corazón por la gente era lo opuesto al corazón de Cristo. Querían usar a la gente para fortalecerse; Jesús deseaba servir a la gente y edificarla. Él quería reunir a la gente debajo de Sus alas de la misma manera que una gallina junta a sus polluelos para brindarles protección (23:37).

¿Qué hay de cuando expulsó a los cambistas del templo? Eso no pareció muy manso. ¿Cómo encaja Su corazón con esta situación? En realidad, se nos dice que Jesús mismo fabricó el látigo (Juan 2:15). Imagínalo allí, solo, entretejiendo con calma el arma con la que expulsaría agitadamente a los cambistas. ¿Pero por qué hizo esto? Porque habían pervertido el uso del templo. Esta era la casa de Dios, el único lugar donde los pecadores podían venir y ofrecer sacrificios y disfrutar de la comunión con Dios, la seguridad de Su favor y gracia. Debía ser un lugar de oración, de bendito intercambio entre Dios y Su pueblo. Los comerciantes de divisas tergiversaron el uso del templo; convirtieron un lugar para conocer y ver a Dios, en un lugar para ganar dinero.

Cristo se enojó y aún se enoja porque Él es el Humano perfecto, que ama demasiado como para permanecer indiferente. Y esta ira justa refleja Su corazón, Su tierna compasión. Pero debido a que Su sentimiento más profundo es una tierna compasión, también es el más rápido en enojarse y sentir indignación con la mayor ira, todo esto sin que el pecado contamine ese enojo.

El ejemplo más claro de la ira justa de Cristo en los Evangelios es la muerte de Lázaro en Juan 11, donde el verbo usado en los versículos 33 y 38 para describir el estado interior de Jesús es de profunda ira. «Jesús se acercó a la tumba de Lázaro no con dolor incontrolable, sino con ira incontenible [...]. La emoción que le desgarró el pecho y lo hizo clamar fue solo ira».[8] Warfield continúa considerando el papel que juega el episodio de Lázaro en el Evangelio de Juan. Observa la forma en que lo relaciona con el corazón de Cristo:

> Una furia inextinguible se apodera de Él [...]. La muerte es el objeto de Su ira, y detrás de la muerte, el que tiene el poder de la muerte, y a quien ha venido al mundo para destruir. Las lágrimas de compasión pueden llenar Sus ojos, pero esto es incidental. Su alma está cautivada por la ira [...]. La resurrección de Lázaro se convierte así, no en una maravilla aislada, sino [...] en una instancia decisiva y un símbolo abierto de la conquista de Jesús sobre la muerte y el infierno.
>
> Juan [...] nos revela el corazón de Jesús, mientras Él gana para nosotros la salvación. Jesús arremete a nuestro favor, no con indiferencia fría, sino con una ira ardiente contra el enemigo. No solo nos ha salvado de los males que nos oprimen; Él ha sentido nuestra opresión, y bajo el impulso de estos sentimientos ha forjado nuestra redención.[9]

———

Mientras que Cristo es un león para los impenitentes, es un cordero para los que se arrepienten: los humildes, los contritos, los hambrientos, los que desean y los que confiesan. Odia con justa ira todo lo que te atormenta. Recuerda que Isaías 53 habla de Cristo llevando nuestras penas y dolores (v. 4). No solo fue castigado en nuestro lugar, experimentando algo que nunca viviremos

---

8 Warfield, *Person and Work of Christ*, 115.
9 Ibíd., 117. Ver también los comentarios de Calvino, donde rechaza la perspectiva de Agustín y concuerda con la de Warfield sobre la humanidad total de las emociones de Cristo en Juan 11: Calvino, *Commentary on the Gospel according to John*, 1:439-43.

(condenación); Él también sufrió con nosotros, experimentando lo que nosotros mismos sufrimos (maltrato). En tu dolor, Él se aflige. En tu angustia, Él se angustia.

¿Estás enojado hoy? No desechemos con rapidez ese sentimiento como si fuera pecaminoso. Después de todo, la Biblia nos ordena enojarnos cuando la ocasión lo requiere (Sal. 4:4; Ef. 4:26). Quizás tengas razones para estar enojado. Tal vez hayan pecado en contra de ti y la única respuesta apropiada es la ira. Toma consuelo en esto: *Jesús también se enoja.* Él se une a ti en tu ira. De hecho, está más enojado de lo que podrías estar tú por el mal que te hicieron. Tu justa ira es una sombra de la Suya. Y Su ira, a diferencia de la tuya, no está manchada por el pecado. Al considerar a los que te han hecho daño, permite que Jesús se enoje en tu nombre. Se puede confiar en Su ira. Porque es una ira que brota de Su compasión por ti. La indignación que sintió cuando descubrió el maltrato de otros en los Evangelios es la misma que siente ahora en el cielo por el maltrato que sufres.

Sabiendo esto, libera a tu deudor y respira nuevamente. Permite que los sentimientos de Cristo por ti no solo te inunden de Su compasión, sino que también te aseguren Su solidaridad en la ira contra todo lo que te angustia, principalmente la muerte y el infierno.

12

Un tierno amigo

… Amigo de publicanos y de pecadores…

<small>MATEO 11:19</small>

AHORA CONSIDERAREMOS EL CORAZÓN de Cristo relacionado a la amistad. Su corazón es nuestro amigo que nunca falla.

A diferencia de la actualidad, en generaciones anteriores era común pensar en Cristo como un Amigo. Analizaremos el tema de la amistad divina desde la perspectiva de los puritanos en este capítulo, pero ni siquiera necesitamos acudir a autores históricos o incluso cristianos para saber que hoy hemos menospreciado de forma lamentable aun la amistad entre humanos, quizás especialmente entre varones. Richard Godbeer, profesor de historia en la universidad de Virginia Commonwealth, ha demostrado a través de una extensa revisión de correspondencia escrita que la amistad masculina se ha diluido mucho en la actualidad en comparación con la riqueza del afecto saludable y no erótico entre los hombres en la América colonial.[1]

---

1 Richard Godbeer, *The Overflowing of Friendship: Love Between Men and the Creation of the American Republic*, (Baltimore, MD: John Hopkins University Press, 2009).

Pero si permitimos que el mundo que nos rodea nos dicte el significado de la amistad, no solo perderemos una realidad vital para el florecimiento humano a nivel horizontal; perderemos, lo que es incluso peor, el deleite de la amistad de Cristo a nivel vertical.

Una de las referencias más llamativas sobre la amistad de Cristo llega justo antes del icónico texto de nuestro estudio en Mateo 11:28-30. En Mateo 11:19, Jesús cita a Sus acusadores, quienes despectivamente lo llamaban «amigo de publicanos y de pecadores» (es decir, un amigo de los hombres más despreciables en aquella cultura). Y como suele ser el caso en los Evangelios —como cuando los demonios dicen: «Sé quién eres, el Santo de Dios» (Mar. 1:24), o cuando el mismo Satanás reconoce que Cristo es el «Hijo de Dios» (Luc. 4:9)—, no son Sus discípulos sino Sus adversarios quienes de forma más clara perciben quién es Él. Aunque las multitudes lo llaman «el amigo de los pecadores» como una acusación, el calificativo es de un consuelo indescriptible para aquellos que se saben pecadores. Que Jesús sea amigo de los pecadores solo es despreciable para aquellos que sienten que no están en esa categoría.

¿Qué significa que Cristo sea amigo de los pecadores? Por lo menos, significa que le gusta pasar tiempo con ellos. También significa que ellos se sienten bienvenidos y cómodos en Su presencia. Observa el enunciado que da lugar al comienzo de una serie de parábolas en Lucas: «Se acercaban a Jesús todos los publicanos y pecadores para oírle» (Luc. 15:1). Los mismos grupos de personas con quienes se acusaba a Jesús de entablar amistad en Mateo 11 son aquellos que no pueden mantenerse alejados de Él en Lucas 15. Se sienten cómodos a Su alrededor. Perciben algo diferente en Él. Otros los mantienen a distancia, pero Jesús ofrece la irresistible intriga de una nueva esperanza. Lo que realmente está haciendo es atraerlos a Su corazón.

———

Considera tu propio círculo de personas con las que te relacionas. Sin duda, la línea de quiénes son tus amigos podría trazarse en diferentes zonas, como círculos concéntricos que se reducen hasta llegar a una diana. Hay algunas personas en nuestras vidas cuyos nombres conocemos, pero realmente están en el círculo exterior de nuestras amistades. Otros están más cerca del centro, pero tal vez no sean amigos íntimos. Al continuar hacia el interior, algunos de nosotros tenemos la bendición de tener uno o dos amigos particularmente cercanos, personas que realmente nos conocen y nos «cautivan», con quienes es un placer pasar tiempo. A muchos de nosotros, Dios nos ha dado un cónyuge como nuestro amigo terrenal más cercano.

Incluso caminar a través de este breve experimento mental puede encender focos de dolor. Algunos de nosotros estamos obligados a reconocer que no tenemos un verdadero amigo, alguien a quien podamos acudir con cualquier problema sabiendo que no nos rechazará. ¿Con quién en nuestras vidas nos sentimos seguros, realmente seguros, lo suficientemente seguros como para abrir *todo* nuestro ser?

Aquí está la promesa del evangelio y del mensaje de toda la Biblia: *en Jesucristo se nos da un Amigo que siempre disfrutará nuestra presencia y no nos rechazará*. Él es un Compañero cuyo abrazo no se fortalece o debilita según cuán limpios o inmundos, atractivos o repugnantes, fieles o inconstantes seamos. La amistad subjetiva de Su corazón hacia nosotros es tan estable como la declaración de Su justificación objetiva a favor nuestro.

La mayoría de nosotros podemos admitir que, incluso con nuestros mejores amigos, no nos sentimos completamente cómodos divulgando todo sobre nuestras vidas. Nos agradan, e incluso los amamos, y nos vamos de vacaciones con ellos, y los alabamos frente a los demás, pero en realidad, en el ámbito más profundo del corazón, no nos *entregamos* en plena confianza a ellos. Incluso muchos matrimonios, aunque comparten una amistad, no han desnudado su alma el uno para con el otro.

¿Qué pasaría si tuvieras un amigo en el centro de la diana de tu círculo de relaciones, con quien pudieras compartir incluso lo peor de ti, sabiendo que no te rechazará? Todas nuestras amistades humanas tienen un límite de lo que pueden soportar. Pero ¿y si hubiera un amigo sin límites, sin restricciones de lo que soportaría y, hagas lo que hagas, no te rechazaría? «Todos los tipos y grados de amistad se encuentran en Cristo», escribió Sibbes.[2]

Considera la representación del Cristo resucitado en Apocalipsis 3. Allí dice (a un grupo de cristianos «desventurado[s], miserable[s], pobre[s], ciego[s] y desnudo[s]», v. 17): «He aquí, yo estoy a la puerta y llamo; si alguno oye mi voz y abre la puerta, entraré a él, y cenaré con él, y él conmigo» (v. 20). Jesús quiere venir a ti, desventurado, miserable, pobre, ciego y desnudo, y disfrutar de una comida contigo. Pasar tiempo contigo para que lo conozcas más. Con un buen amigo no necesitas llenar constantemente todos los vacíos de silencio con palabras. Simplemente pueden estar juntos con calidez, saboreando en silencio la compañía del otro. Goodwin escribió: «La comunión es el alma de toda verdadera amistad y una cercana conversación con un amigo tiene la mayor dulzura».[3]

---

2 Richard Sibbes, *Bowels Opened, Or, A Discovery of the Near and Dear Love, Union, and Communion Between Christ and the Church*, en *The Works of Richard Sibbes*, ed. A. B. Grosart, 7 vols. (reimp., Edinburgh: Banner of Truth, 1983), 2:36.

3 Thomas Goodwin, *Of Gospel Holiness in the Heart and Life*, en *The Works of Thomas Goodwin*, 12 vols. (reimp., Grand Rapids, MI: Reformation Heritage, 2006), 7:197.

No debemos reducir a Jesús a un amigo cualquiera. En algunos capítulos previos de Apocalipsis, observamos una representación de Cristo tan abrumadora para Juan que cayó inmovilizado (1:12-16). Pero tampoco debemos diluir la humanidad, el deseo relacional, claramente presente en estas palabras pronunciadas por Cristo. Él no está esperando que cautives Su corazón; ya está parado a la puerta, tocando, queriendo entrar. ¿Cuál es nuestro trabajo? Como lo expresó Sibbes: «Nuestro deber es aceptar la invitación de Cristo. ¿Qué otra cosa podríamos hacer que compartir un banquete con Él?».[4]

———

Pero un amigo no solo te busca, sino que también permite que lo busques y se abre a ti sin retener nada. ¿Alguna vez has notado la finalidad de que Jesús llame a Sus discípulos «amigos» en Juan 15? A punto de ir a la cruz, les dice: «Ya no os llamaré siervos, porque el siervo no sabe lo que hace su señor; pero os he llamado amigos, porque todas las cosas que oí de mi Padre, os las he dado a conocer» (Juan 15:15).

Los amigos de Jesús son aquellos a quienes les ha revelado Sus más profundos propósitos. Jesús dice que no les transmite a Sus discípulos *algo* de lo que el Padre le ha dicho; les revela todo. No retiene nada. Les da completa entrada. Los amigos de Jesús son bienvenidos a venir a Él. Jonathan Edwards declaró:

> Dios, en Cristo, permite que criaturas tan pequeñas y pobres como tú vengan a Él, amen la comunión con Él y mantengan una comunicación de amor con Él. Puedes ir a Dios y decirle cómo lo amas y abrir tu corazón; Él te aceptará [...]. Ha bajado del cielo y ha

4 Sibbes, *Bowels Opened*, 2:34.

tomado sobre sí la naturaleza humana con el propósito de poder estar cerca de ti y ser, por así decirlo, tu compañero.[5]

Compañero es otra palabra para amigo, pero connota específicamente la idea de alguien que te acompaña en un viaje. A medida que hacemos nuestra peregrinación a través de este amplio mundo, tenemos un amigo constante y fiel.

Lo que estoy tratando de decir en este capítulo es que el corazón de Cristo no solo cura nuestros sentimientos de rechazo con Su abrazo, no solo corrige nuestra percepción de Su dureza con una visión de Su bondad, y no solo cambia nuestra suposición de Su distanciamiento con una comprensión de Su compasión por nosotros, sino que también cura nuestra soledad con Su compañía.

En el segundo volumen de sus *Obras*, Richard Sibbes reflexiona sobre lo que significa que Jesucristo sea nuestro Amigo. Es particularmente impactante cuando describe un tema en común a través de varias facetas de la amistad de Cristo con Su pueblo. Ese tema común es la mutualidad; en otras palabras, la amistad es una relación bidireccional de alegría, comodidad y apertura, a diferencia de una relación unidireccional, como la del rey con sus subordinados o el padre con su hijo. Sin duda, Cristo es nuestro gobernante, nuestra autoridad, a quien se debe reverenciar con toda lealtad y obediencia. Sibbes nos recuerda esto explícitamente

---

5 Jonathan Edwards, «The Spirit of the True Saints Is a Spirit of Divine Love», en *The Glory and Honor of God: Volume 2 of the Previously Unpublished Sermons of Jonathan Edwards*, ed. Michael McMullen (Nashville, TN: Broadman, 2004), 339. Edwards: «No hay persona en el mundo que tenga una relación tan entrañable con los cristianos como Cristo; Él es nuestro amigo y nuestro amigo más cercano», *The Works of Jonathan Edwards*, vol. 10, *Sermons and Discourses* 1720-1723, ed. Wilson H. Kimnach (New Haven, CT: Yale University Press, 1992), 158. En uno de sus bien conocidos sermones, «La excelencia de Cristo», Edwards menciona a Cristo como nuestro amigo más de 30 veces. *The Works of Jonathan Edwards*, vol. 19, *Sermons and Discourses* 1734-1738, ed. M. X. Lesser (New Haven, CT: Yale University Press, 2001), 21.

mientras reflexiona sobre la amistad de Cristo («Como es nuestro amigo, también es nuestro rey»).[6] Pero igualmente, y quizás menos obvio o lógico para nosotros, la condescendencia de Dios en la Persona de Su Hijo significa que se acerca a nosotros en nuestros propios términos y nos hace amigos tanto para Su deleite como para nuestro deleite.

Considera la forma en que Sibbes habla de la amistad de Cristo con nosotros:

> En la amistad hay un consentimiento mutuo, una unión de juicio y afecto. Existe una simpatía en lo bueno y lo malo del otro [...].
>
> Hay libertad, que es lo que da vida a la amistad; existe un intercambio gratuito entre amigos, una libre apertura de secretos. Entonces aquí Cristo nos abre sus secretos, y nosotros nos abrimos a Él [...].
>
> En la amistad, tenemos consuelo el uno en el otro. Cristo se deleita en Su amor a la Iglesia, y Su Iglesia se deleita en Su amor a Cristo [...].
>
> En la amistad existen muestras de honor y respeto mutuos.[7]

¿Observas el tema en común? Observa la palabra «mutuo» o la frase «uno en el otro» a lo largo de estas diversas facetas de la amistad de Cristo. El punto es que Él está con nosotros, como uno de nosotros, compartiendo nuestra vida y experiencia, y el amor y el consuelo que se disfrutan entre amigos también se disfrutan entre Cristo y nosotros. En resumen, se relaciona con nosotros como persona. Jesús no es una idea abstracta de la amistad; Él es un amigo real.

---

6   Sibbes, *Bowels Opened*, 2:37.
7   Ibíd.

Sería cruel sugerir que la amistad humana es irrelevante cuando ya tenemos a Cristo. Dios nos hizo para la comunión, para unir nuestros corazones con otras personas. Todos se sienten solos, incluidos los introvertidos.

Pero el corazón de Cristo por nosotros significa que Él será nuestro amigo que nunca falla, sin importar qué amigos hagamos en la tierra. Nos ofrece una amistad que penetra el dolor de nuestra soledad. Si bien ese dolor no desaparece, su aguijón se hace completamente soportable por la amistad de Jesús que es mucho más profunda. Él camina con nosotros en cada momento. Él conoce el dolor de ser traicionado por un amigo, mas nunca nos traicionará. Ni siquiera nos dará la bienvenida *fríamente*. Así no es Él. Así no es Su corazón.

Así como Su amistad es tierna, es constante en todas las condiciones [...]. Si otros amigos fallan, este Amigo nunca nos fallará. Si no nos avergonzamos de Él, nunca se avergonzará de nosotros. ¡Qué cómoda sería nuestra vida si pudiéramos extraer todo lo que este título de amigo ofrece! Es una amistad confortable, fructífera y eterna.[8]

---

8 Sibbes, *Bowels Opened*, 2:37. Goodwin abordó ampliamente la amistad divina, pero la mantiene al nivel de la amistad con Dios, no con Cristo específicamente, así que no lo he mencionado en este capítulo. *Gospel Holiness*, en *Works* [Obras], 7:186-213, esp. 7:190-97; comp. 7:240.

13

¿Por qué el Espíritu?

Y yo rogaré al Padre, y os dará otro Consolador...

JUAN 14:16

ESTE ES UN LIBRO sobre Cristo, el Hijo, la segunda Persona de la Trinidad. Pero debemos tener cuidado de no dar la impresión de que lo que observamos en Cristo no está relacionado con el Espíritu y el Padre. Más bien, el Hijo, «al manifestarse en la carne, expresa lo que está en el corazón de los tres».[1]

Así que dedicaremos un capítulo a cada uno, preguntando qué enseña la Biblia sobre la relación entre el corazón de Cristo con el Espíritu y el Padre. Consideraremos al Espíritu en este capítulo y al Padre en el siguiente.

¿Cuál es el papel del Espíritu Santo? ¿Qué hace realmente? Hay muchas respuestas bíblicas válidas a esa pregunta. El Espíritu:

- Nos regenera (Juan 3:6-7).
- Nos convence de pecado (Juan 16:8).
- Nos otorga dones (1 Cor. 12:4-7).

---

1 Thomas Goodwin, *A Discourse of Election, en The Works of Thomas Goodwin*, 12 vols. (reimp., Grand Rapids, MI: Reformation Heritage, 2006), 9:148.

- Testifica en nuestros corazones que somos hijos de Dios (Gál. 4:6).
- Nos guía (Gál. 5:18, 25).
- Hace que produzcamos fruto (Gál. 5:22-23).
- Nos concede vida y nos vivifica (Rom. 8:11).
- Nos permite vencer al pecado (Rom. 8:13).
- Intercede por nosotros cuando no sabemos qué orar (Rom. 8:26-27).
- Nos guía a la verdad (Juan 16:13).
- Nos transforma a la imagen de Cristo (2 Cor. 3:18).

Todos los puntos anteriores son gloriosas verdades. En este capítulo me gustaría agregar solo uno más a esta lista: *el Espíritu nos ayuda a percibir el corazón de Cristo por nosotros.*

Aunque esto se superpone un poco con algunos papeles del Espíritu enumerados anteriormente, será provechoso aclarar exactamente cómo se relaciona el Espíritu Santo con nuestro estudio del corazón de Jesús. Lo que propongo en este capítulo, una vez más con la ayuda de Thomas Goodwin, es que el Espíritu hace que el corazón de Cristo sea real para nosotros: no solo lo escuchamos, sino que lo vemos; no solo lo vemos, sino también lo sentimos; y no solo lo sentimos, sino que también lo disfrutamos. El Espíritu toma lo que leemos en la Biblia y lo que creemos sobre el corazón de Jesús y lo lleva de la teoría a la realidad, de la doctrina a la experiencia.

Cuando eras niño, una cosa era que tu papá te dijera que te amaba. Le creías. Pero otra cosa, indudablemente más real, era que te abrazara, sentir su calor, escuchar su corazón latir dentro de su pecho, sentir la fuerza protectora de sus brazos. Una cosa es escuchar que te ama; otra cosa es sentir su amor. Esta es la obra gloriosa del Espíritu.

En Juan 14–16, Jesús explica la obra del Espíritu como una extensión de Su propia obra. Y señala que cuando Él deje la tierra y llegue Su Espíritu, será un tiempo de mayor bendición para Su pueblo. Observa cuidadosamente el flujo de pensamiento en Juan 16 cuando Jesús enfatiza esto:

> Pero ahora voy al que me envió; y ninguno de vosotros me pregunta: ¿A dónde vas? Antes, porque os he dicho estas cosas, tristeza ha llenado vuestro corazón. Pero yo os digo la verdad: Os conviene que yo me vaya; porque si no me fuera, el Consolador no vendría a vosotros; mas si me fuere, os lo enviaré (Juan 16:5-7).

¿Cuál es la ventaja de la venida del Espíritu? La interpretación natural es que arreglaría algo que estaba mal. ¿Pero a qué se refiere? «Tristeza ha llenado vuestro corazón» (Juan 16:6). Aparentemente, la venida del Espíritu haría lo contrario: llenaría sus corazones de alegría. El Espíritu reemplazaría la tristeza con alegría.

Los discípulos estaban tristes porque Jesús los dejaría. Se había hecho amigo de ellos y los había abrazado en Su corazón, por lo que pensaban que si Jesús se iba significaba que Su corazón también se iría, pero el Espíritu es la respuesta a cómo Jesús puede dejarlos físicamente mientras Su corazón continúa con ellos. El Espíritu es la continuación del corazón de Cristo con Su pueblo después de Su partida al cielo.

Al reflexionar sobre este pasaje en Juan 16, Goodwin enfatiza lo que Jesús transmite a Sus discípulos: «Mi padre y yo tenemos un solo amigo que está en nosotros y procede de nosotros, el Espíritu Santo, y mientras tanto se los enviaré [...]. Él será un mejor Consolador para ustedes [...]. Los consolará más que mi presencia corporal». ¿De qué manera es el Espíritu un mejor Consolador para el pueblo de Dios? «Él les dirá, si lo escuchan y no lo reprimen, tan solo historias de mi amor [...]. El mensaje que dará a sus corazones será para fortalecer mi amor hacia ustedes, y se deleitará en hacerlo».[2] Goodwin luego lo relaciona explícitamente con el corazón de Cristo:

> Para que puedan disponer de mi corazón como si estuviera con ustedes; Él continuamente tocará sus corazones, ya sea con mi amor hacia ustedes, o el suyo hacia mí, o ambos [...]. Él les dirá, cuando yo esté en el cielo, que existe una verdadera unión y gran afecto entre nosotros, como existe entre mi Padre y yo, y que es tan imposible romper esta unión, como la mía con el Padre.[3]

¿Has considerado esta función particular del Espíritu Santo?

Recuerda, el Espíritu es una Persona. Por ejemplo, puede afligirse (Isa. 63:10; Ef. 4:30). ¿Cómo sería tratarlo como tal en nuestras vidas? ¿Cómo sería abrir nuestros corazones para sentir el amor de Cristo que el Espíritu Santo nos muestra? Consideremos que el Espíritu nunca nos hará sentir más amor del que Cristo ya nos tiene; eso es imposible. El Espíritu simplemente hace que nuestra apreciación del amor sincero de Cristo se acerque más a lo que realmente es. Si utilizamos unos binoculares mientras presenciamos un partido deportivo desde las gradas, no nos preocuparía que hagan que los jugadores parezcan más grandes de lo que realmente son; los binoculares simplemente hacen que los jugadores parezcan más cercanos a su tamaño real.

2 Thomas Goodwin, *The Heart of Christ*, (Edimburgo: Banner of Truth, 2011), 18-19.
3 Ibíd., 19-20.

Jesús dijo que Él es «manso y humilde de corazón» (Mat. 11:29). Esa es una declaración hermosa, e incluso sin el Espíritu podríamos maravillarnos de ella. Pero el Espíritu toma esas palabras de Cristo y las hace reales para nosotros, llevándolas a un nivel personal. El Espíritu convierte la receta en un sabor auténtico. Ese es el mensaje de Goodwin. Todo lo que vemos y oímos del corazón de Jesús en Su vida terrenal, ahora que Él ascendió al cielo, entrará en la conciencia de Su pueblo como una realidad que puede experimentar. Cuando Pablo relata su experiencia personal en Gálatas y habla «del Hijo de Dios, el cual *me* amó y se entregó a sí mismo por *mí*» (Gál. 2:20), expresa algo que nadie podría decir si no tuviera al Espíritu.

Por esta razón, en otro pasaje, Pablo declara que «no hemos recibido el espíritu del mundo, sino el Espíritu que proviene de Dios, para que sepamos lo que Dios nos ha concedido» (1 Cor. 2:12). Para comprender el papel del Espíritu Santo, de acuerdo con este texto, debemos tener en cuenta que la palabra griega traducida «sepamos» (*eído*) no debe limitarse solo a la comprensión intelectual. Este verbo, como suele ser el caso con el lenguaje de la epistemología bíblica, se refiere a algo holístico, no menos que aprehensión intelectual, sino más. Es un conocimiento basado en la experiencia, así como sabes que el sol transmite calor cuando te paras con la cara hacia el cielo en un día despejado de junio. Pablo enseña que el Espíritu nos ha sido dado para que podamos conocer, a fondo, la gracia infinita del corazón de Dios. «Concedido» en este texto es simplemente la forma verbal (*jarízomai*) de la palabra griega utilizada para «gracia» (*járis*). El Espíritu no anhela nada más que avivarnos y darnos paz con el conocimiento del corazón que se nos ha dado por gracia.

El papel del Espíritu, en resumen, es convertir nuestras ideas del gran corazón amoroso de Cristo por nosotros en una experiencia real. Él hace esto decisivamente, de una vez por todas, en la regeneración. Pero también lo hace diez mil veces después, a medida que el pecado, la insensatez o el aburrimiento intentan evitar que experimentemos Su corazón.

14

Padre de misericordias

... Padre de misericordias y Dios de toda consolación.

2 CORINTIOS 1:3

«Lo QUE VIENE A nuestra mente cuando pensamos en Dios es lo más importante sobre nosotros». Así comienza el libro de A. W. Tozer, *The Knowledge of the Holy* [El conocimiento de lo sagrado].[1] Una forma de entender el propósito de este estudio del corazón de Cristo es como un intento de hacer que nuestra imagen mental de quién es Dios sea más precisa. Estoy tratando de ayudar a dejar atrás nuestras intuiciones naturales y erróneas de que Dios es distante y lento, y dar un paso hacia la reconfortante comprensión de que es manso y humilde de corazón.

Pero nuestro estudio se centra en el Hijo de Dios. ¿Qué hay del Padre? Para retomar la declaración de Tozer, ¿debemos imaginar al Hijo como manso y humilde, pero al Padre como algo distinto? Este capítulo responde a esa pregunta.

---

1 A. W. Tozer, *The Knowledge of the Holy*, (Nueva York: HarperCollins, 1961), 1.

La clásica y dominante teología protestante de la expiación siempre ha entendido que la justicia de Dios fue vindicada y Su ira se satisfizo en la obra del Hijo. Cristo no vivió, murió ni resucitó principalmente como un ejemplo moral, como un triunfo sobre Satanás o como una demostración de Su amor. De manera suprema, la obra del Hijo, y especialmente Su muerte y resurrección, satisfizo la justa ira del Padre respecto al horror de la rebelión humana contra Él. Su ira fue propiciada, disipada, apaciguada.

Esto no sugiere que la disposición del Padre hacia Su pueblo sea diferente de la del Hijo. Sin embargo, la percepción común entre los cristianos es que, hasta cierto punto, el Padre está menos inclinado a amar y perdonar que el Hijo.

Esto no es lo que la Biblia enseña.

¿Cómo entonces entendemos que el Padre tenía una ira que necesitaba ser satisfecha, y que el Hijo fue quien hizo la obra necesaria para proporcionar esa satisfacción? ¿Debe esto sugerir que el Padre y el Hijo tienen una postura diferente hacia nosotros?

La clave es entender que, en lo que se refiere a absolución legal, la ira del Padre tuvo que ser mitigada para que los pecadores fueran devueltos a Su favor, pero en cuanto a Su propio deseo y afecto internos, estaba tan ansioso como el Hijo de que se llevara a cabo esta expiación. Objetivamente, el Padre era el que necesitaba ser apaciguado; subjetivamente, Su corazón era uno con el Hijo. Erramos cuando sacamos conclusiones sobre quién es Él *subjetivamente* en función de lo que tenía que suceder *objetivamente*. Los puritanos a menudo hablaban del Padre y el Hijo acordando en la eternidad pasada, juntos, redimir a un pueblo pecador. Los teólogos llaman a esto el *pactum salutis*, el «pacto de redención», refiriéndose a lo que el Dios trino acordó antes de la creación del mundo. El Padre no necesitaba más persuasión que el Hijo. Por el contrario, Su ordenación del camino de la redención refleja el mismo corazón de amor que el cumplimiento de la redención por parte del Hijo.[2]

En capítulos posteriores veremos que el Antiguo Testamento habla de Dios en formas que concuerdan con la declaración de Jesús en el Nuevo Testamento de que Él es «manso y humilde de corazón». Por ahora consideraremos lo que enseña el Nuevo Testamento sobre el Padre. Nos enfocaremos en 2 Corintios 1:3, donde el apóstol Pablo comienza su carta con las siguientes palabras de adoración:

> Bendito sea el Dios y Padre de nuestro Señor Jesucristo, Padre de misericordias y Dios de toda consolación.

———

«Padre de misericordias». Cuando Pablo introduce su segunda carta a los corintios, nos brinda una imagen de lo que viene a su mente cuando piensa en Dios.

Sí, el Padre es justo, total y eternamente. Sin tal doctrina, y la tranquilidad que esta brinda, no tendríamos la esperanza de que todos los errores algún día serán corregidos. ¿Pero cuáles son sus sentimientos? ¿Qué fluye de Su ser más profundo? Misericordias.

Él es el Padre de misericordias. Así como un padre engendra hijos que reflejan quién es él, el Padre divino engendra misericordias

---

2 Ver, por ejemplo, la conmovedora especulación de Flavel de una «conversación» entre el Padre y el Hijo para salvar a los pecadores, en *The Works of John Flavel*, 6 vols. (Edimburgo: Banner of Truth, 1968), 1:61. Estoy agradecido a mi padre, Ray Ortlund, por llamar mi atención sobre este escrito de Flavel. Ver también el trabajo de Goodwin, *Man's Restoration by Grace*, un breve libro que describe los distintos papeles de la Trinidad en la obra de redención, aunque de mutuo acuerdo. Thomas Goodwin, *The Works of Thomas Goodwin*, 12 vols. (reimp., Grand Rapids, MI: Reformation Heritage, 2006), 7: 519-41.

que son un reflejo de Él. Existe una semejanza muy evidente entre el Padre y la misericordia. Él es «mencionado más veces como el Padre de misericordias que Satanás como el padre del pecado».[3]

La palabra «misericordia» (*oiktírmon*) aparece solo cinco veces en el Nuevo Testamento. Una de ellas es en Santiago 5:11, donde se utiliza como sinónimo de compasión divina: «Habéis oído de la paciencia de Job, y habéis visto el fin del Señor, que el Señor es muy misericordioso (*oiktírmon*) y compasivo (*polúsplanjnos*)». En el capítulo 11 resaltamos que la palabra para la compasión más profunda de Jesús es *splanjnízomai*, y puedes observar la misma raíz de la palabra en lo que se traduce en Santiago 5:11 como «compasivo». Aquí, sin embargo, la palabra es aún más rica; tiene un prefijo (*polu-*) que significa «mucho». El Señor, según Santiago 5:11, es «muy compasivo». Y que Él sea muy compasivo es sinónimo de decir que es misericordioso.

Hablar de Dios el Padre como «Padre de misericordias» es decir que Él es quien multiplica las misericordias a Su pueblo necesitado, rebelde, desordenado, caído y errante. Al hablar del amor de Cristo por Su pueblo, Goodwin pasa de hablar del corazón del Hijo a hablar del corazón del Padre.

> Su amor no es un amor forzado, como si se esforzara por darnos solo porque Su Padre le ha ordenado que se case con nosotros, sino que es Su naturaleza, Su disposición [...]. Esta disposición es libre y natural para Él; no se le dificultó obedecer a Su Padre celestial, quien muestra misericordia de manera natural, mas no le es fácil castigar, lo cual es extraño para Él, pero la misericordia le agrada; Él es «el Padre de misericordias», las engendra naturalmente.[4]

---

3 Goodwin, *Works*, 2:179.
4 Thomas Goodwin, *The Heart of Christ*, (Edimburgo: Banner of Truth, 2011), 60.

En el próximo capítulo volveremos a estudiar lo que significa que la misericordia sea el trabajo «natural» de Dios y que el castigo sea Su «obra extraña». Por ahora, solo observa la manera en que Goodwin nos ayuda a ver que el título «Padre de misericordia» es la forma en que la Biblia nos lleva a los recovecos más profundos de quién es Dios el Padre. Una comprensión correcta del Dios trino no es la de un Padre cuya disposición principal es el juicio y un Hijo cuya disposición central es el amor. El corazón de ambos es uno y el mismo; son, después de todo, un Dios, no dos. Posee un corazón de amor redentor, que no compromete la justicia y la ira, sino que satisface maravillosamente la justicia y la ira.

En otra parte de su obra, Goodwin reflexiona sobre la misericordia de Dios Padre.

Dios tiene una amplia variedad de misericordias. Así como nuestros corazones y el diablo son padres de una variedad de pecados, Dios es el Padre de una variedad de misericordias. En Él no hay pecado ni miseria, pero Dios siente misericordia por ello. Él tiene misericordias de todo tipo.

Como existe una variedad de miserias a las cuales la criatura está sujeta, también Él tiene una variedad, un tesoro, de todo tipo de misericordias, divididas en varias promesas en la Escritura, que no son más que cofres de ese tesoro.

Si tu corazón está endurecido, Sus misericordias son tiernas.

Si tu corazón está muerto, Él tiene misericordia para reanimarlo.

Si estás enfermo, Él tiene misericordia para sanarte.

Si eres pecaminoso, Él tiene misericordia para santificarte y limpiarte.

Así como son grandes y variadas nuestras pasiones, así lo son Sus misericordias. Por lo cual, podemos acercarnos a encontrar gracia y misericordia para ayudarnos en tiempos de necesidad, una misericordia para cada necesidad. Todas las misericordias que existen en Su corazón las ha trasplantado al jardín de las promesas, donde crecen, y florecen gran variedad de ellas, perfectas para cada enfermedad del alma.[5]

———

¿Qué debería venir a nuestra mente cuando pensamos en Dios? El Dios trino es tres en uno, una fuente de infinitas misericordias que se nos brindan de manera abundante en todas nuestras necesidades y fracasos. Así es Él. El Padre no es menos que el Hijo y el Hijo no es menos que el Padre.

Más allá de lo que somos conscientes en cualquier momento dado, el tierno cuidado del Padre nos envuelve en Su continua bondad, gobernando dulcemente hasta el último detalle de nuestras vidas. Dirige de forma soberana la hoja que cae del árbol y la brisa que la libera (Mat. 10:29-31), y en Su soberanía permite la bomba que las mentes malvadas detonan (Amós 3:6; Luc. 13:1-5). Pero en medio de todo ello se encuentra el corazón de un Padre.

¿Quién es Dios el Padre? Simplemente es eso: nuestro Padre. Algunos de nosotros tuvimos un buen padre mientras crecíamos. Otros fueron horriblemente maltratados o abandonados por su padre. En cualquier caso, lo bueno en nuestros padres terrenales es un leve indicador de la verdadera bondad de nuestro Padre celestial, y lo malo en nuestros padres terrenales es la imagen contraria de quién es nuestro Padre celestial. Todos los padres terrenales son solo una sombra de Él (Ef. 3:15).

---

5   Goodwin, *Works*, 2:187-88. Comp. Goodwin, *Works*, 2:180, citando 2 Cor. 1:3: «Él engendra todas las misericordias, así como un padre engendra a su hijo».

En Juan 14, Felipe le pide a Jesús que les muestre al Padre a los discípulos (Juan 14:8). Jesús respondió: «¿Tanto tiempo hace que estoy con vosotros, y no me has conocido, Felipe? El que me ha visto a mí, ha visto al Padre; ¿cómo, pues, dices tú: Muéstranos el Padre? ¿No crees que yo soy en el Padre, y el Padre en mí?» (Juan 14:9-10).

«El que me ha visto a mí, ha visto al Padre».

En otro texto, el Nuevo Testamento llama a Cristo «el resplandor de su gloria, y la imagen misma de su sustancia» (Heb. 1:3). Jesús es la encarnación de Dios. Es la personificación tangible de Dios. Jesucristo es la manifestación visible del Dios invisible (2 Cor. 4:4, 6). En Él observamos los sentimientos divinos caminando sobre dos piernas en el tiempo y el espacio. Cuando vemos el corazón de Cristo, entonces, a lo largo de los cuatro Evangelios, estamos viendo la misericordia y la compasión de quién es Dios.

Cuando consideres el corazón del Padre por ti, recuerda que Él es el Padre de misericordias. No se reserva Su ternura hacia ti. Él multiplica Sus misericordias para satisfacer todas tus necesidades, y no hay nada que prefiera hacer. El puritano John Flavel declaró: «Recuerda que este Dios en cuya mano están todas las criaturas, es tu Padre, y es mucho más tierno de lo que tú eres, o puedes ser, hacia ti mismo».[6] Tu trato más amable hacia ti mismo es menos amable que la forma en que tu Padre celestial te trata. Su ternura hacia ti supera lo que eres capaz de hacer por ti mismo.

El corazón de Cristo es manso y humilde. Y esa es la imagen perfecta de quién es el Padre. «El Padre mismo os ama» (Juan 16:27).

---

6 John Flavel, *Keeping the Heart: How to Maintain Your Love for God*, (Fearn, Escocia: Christian Heritage, 2012), 57.

15

Su obra «natural» y
Su obra «extraña»

Porque no aflige ni entristece voluntariamente
a los hijos de los hombres.

LAMENTACIONES 3:33

AHORA PASAREMOS AL ANTIGUO Testamento. Hemos considerado el corazón de Cristo, e incluso del Padre, en el Nuevo Testamento. ¿Pero cómo encaja esto con el Antiguo Testamento?

Después de invertir algunos capítulos en el Antiguo Testamento, concluiremos nuestro estudio regresando al Nuevo Testamento en los últimos capítulos de este libro.

Lo que quiero demostrar en este capítulo y en los siguientes tres es que cuando vemos que Cristo describe Su corazón como manso y humilde, continúa en la trayectoria natural de lo que Dios ya había revelado sobre sí mismo en todo el Antiguo Testamento. Jesús proporciona un nuevo énfasis sobre quién es Dios, pero no un contenido fundamentalmente nuevo. Los Evangelios muestran que el Antiguo Testamento nos estaba preparando para un

Salvador «manso» (Mat. 21:5).[1] El Hijo no conduce nuestra comprensión de quién es Dios a una dirección completamente nueva. Simplemente proporciona, en carne y hueso, lo que Dios ya había estado transmitiendo a Su pueblo a lo largo de los siglos. Como dijo Calvino, el Antiguo Testamento es la oscura revelación de Dios, verdadera pero tenue. El Nuevo Testamento es la esencia.[2]

Un buen punto de partida al considerar el corazón de Dios en el Antiguo Testamento es Lamentaciones 3.

———

Ningún libro en la Biblia es tan llamativo por el uso de emociones profundas junto con una gran complejidad literaria como Lamentaciones. El autor (quizás Jeremías) derrama su corazón, lamentando la destrucción de Jerusalén en 587 a.C. a mano de los babilonios, y los horrores del hambre, la muerte y la desesperanza que siguieron. Sin embargo, derrama su corazón a través de una serie de cinco bellísimos poemas que reflejan un cuidado literario extremo. Puedes identificar esto solo al ver las secciones que aparecen en tu Biblia. Aunque los capítulos y los números en cada versículo no se agregaron hasta muchos siglos después de que se escribió Lamentaciones, estas divisiones en nuestras Biblias modernas reflejan las secciones evidentes del libro. Observarás que, de los cinco capítulos, los dos primeros y los dos últimos tienen 22 versículos. El capítulo central, el capítulo 3, tiene tres veces más: 66. Cada capítulo es en sí mismo un lamento cuidadosamente construido.

---

1   La palabra griega para «manso» en Mateo 21:5, citando la profecía de Zacarías 9:9 («tu Rey viene a ti, manso, y sentado sobre una asna»), es la misma (*práos*) utilizada en Mateo 11:29 cuando Jesús dice que es «manso».
2   Juan Calvino, *Institutes of the Christian Religion*, ed. John T. McNeill, trad. Ford L. Battles, 2 vols. (Louisville, KY: Westminster John Knox, 1960), 2.11.1-12.

Con esta visible estructura del libro, entendemos que el punto literario culminante de la carta es el versículo 33 del capítulo 3. Es la mitad exacta del libro y captura su corazón. Lamentaciones 3:33 es el libro de Lamentaciones resumido en pocas palabras.

¿Qué dice? Fundamenta las garantías de la eventual misericordia y restauración de Dios con la siguiente teología: «Porque no aflige ni entristece voluntariamente a los hijos de los hombres».

Hay una premisa implícita en este versículo y una declaración explícita. La premisa implícita es que Dios es el que aflige. La declaración explícita es que no lo hace voluntariamente («desde su corazón» en algunas versiones en inglés o «por gusto», en otras versiones en español).

La premisa implícita debe ser totalmente aceptada antes de pasar a la declaración explícita. Cuando hablamos de lo que Dios hace o no hace desde Su corazón, no estamos limitando Su gobierno soberano de manera más amplia; de hecho, en la medida en que creamos que Dios es soberano en toda nuestra aflicción, así podremos sentirnos consolados de que no nos aflige desde Su corazón.

Primero, entonces, recordemos la belleza de la soberanía divina sobre todas las cosas, buenas *y malas*: el dedo entumecido, la hiedra venenosa, el amigo que apuñala por la espalda, el dolor crónico de cuello, el jefe que no nos defiende, el niño rebelde, los vómitos a las dos de la madrugada, la oscuridad implacable de la depresión. La Confesión Belga articula de forma hermosa el gobierno de Dios sobre todas las cosas en su enseñanza sobre la providencia divina:

> Esta doctrina nos provee un consuelo inexplicable ya que nos enseña que nada nos ocurre por casualidad sino solo por la disposición de nuestro bondadoso Padre celestial, que vela por nosotros con cuidado paternal, sosteniendo todas las criaturas bajo Su

señorío, de modo que ni un cabello de nuestras cabezas (pues todos están numerados) ni un gorrión caen a tierra sin que lo permita nuestro Padre. (Art. 13)

A lo largo de Lamentaciones, esta visión sin filtro de la soberanía divina está siempre presente. Al observar el capítulo 3, por ejemplo, vemos versículo tras versículo que el autor relata todos los horrores que Dios mismo ha traído sobre Israel (3:2-16).

Pero en el punto central de la teología de todo el libro, se nos dice que Dios no trae ese dolor «voluntariamente».

———

En Lamentaciones, la Biblia nos conduce a lo más profundo de Dios. El que gobierna y ordena todas las cosas trae aflicción a nuestras vidas con cierta resistencia divina. No es reacio sobre el bien supremo que se producirá a través de ese dolor; de hecho, es por esta razón que lo hace. Pero algo se agita dentro de Él al enviar esa aflicción. El sufrimiento en sí mismo no refleja Su corazón. No es una fuerza sin sentimientos que tira de las palancas y poleas del cielo sin percibir el dolor y la angustia que sentimos. Él está —si puedo decirlo de esta manera sin cuestionar Sus perfecciones divinas— en conflicto consigo mismo cuando envía aflicción a nuestras vidas. Dios castiga a Israel por su capricho mientras los babilonios arrasan con la ciudad. Él les envía lo que se merecen. Pero Su anhelo más profundo es su restauración misericordiosa.

Goodwin explica:

Mis hermanos, aunque Dios es justo, podría decirse que Su misericordia, en cierto sentido, es más natural para Él que todos los actos de justicia que Dios lleva a cabo (me refiero a la justicia de vindicación). En estos actos de justicia hay satisfacción, en el sentido de emparejar las cosas con los pecadores. Sin embargo, hay un tipo de violencia que se hace a sí mismo, la Escritura así lo expresa; existe algo en ello que es contrario a Él. «No quiero la muerte del impío», es decir, *no me deleito en ello, no lo hago por gusto* [...]. Cuando ejerce actos de justicia, es con una finalidad superior, no es simplemente por el acto mismo. Siempre hay algo en Su corazón que se opone a eso.

Pero cuando viene a mostrar misericordia, a manifestar que esa es Su naturaleza y disposición, se dice que lo hace con todo Su corazón. No hay nada en Él que se oponga. El acto mismo lo complace. No hay renuncia en Él.

Por lo tanto, Lamentaciones 3:33, cuando habla de castigar, señala: «Porque no aflige ni entristece voluntariamente a los hijos de los hombres». Pero cuando se habla de mostrar misericordia, dice que lo hace «de todo mi corazón y de toda mi alma», como enseña Jeremías 32:41. Por esta razón, los actos de justicia se llaman Su «extraña obra» y Su «extraña operación» en Isaías 28:21. Pero cuando viene a mostrar misericordia, se regocija por ellos, por hacerles el bien, con todo Su corazón y con toda Su alma.[3]

Goodwin menciona algunos otros textos aquí, donde Dios indica Su obra de restauración: «Y me alegraré con ellos haciéndoles bien, y los plantaré en esta tierra en verdad, de todo mi corazón y de toda mi alma» (Jer. 32:41); e Isaías 28:21, donde el juicio de Dios es llamado Su obra «extraña». Al vincular estos textos con Lamentaciones 3:33, Goodwin revela, desde la Biblia, los sentimientos más profundos de Dios, es decir, lo que se deleita en hacer, lo que es más natural para Él. La misericordia es natural para Él. El castigo no es natural.

---

3 Thomas Goodwin, *The Works of Thomas Goodwin*, 12 vols. (reimp., Grand Rapids, MI: Reformation Heritage, 2006), 2:179-80.

Algunos de nosotros contemplamos el corazón de Dios como frágil, que se ofende con facilidad. Algunos consideramos Su corazón como frío, inquieto. El Antiguo Testamento nos da un Dios cuyo corazón desafía estas expectativas humanas innatas de quién es Él.

Debemos tener cuidado aquí. Todos los atributos de Dios son innegociables. Para que Dios deje de ser, digamos, justo, habría que despojarlo de Su deidad, tanto como si dejara de ser bueno. Los teólogos hablan de la simplicidad de Dios, con lo que queremos decir que Él no es la suma total de una serie de atributos, como pedazos de un pastel que forman uno completo; más bien, Dios es cada atributo a la perfección. El Señor no tiene partes. Es justo. Es iracundo. Es bueno. Y así sucesivamente, cada uno en perfección infinita.

Incluso cuando se trata del asunto del corazón de Dios, observamos complejidad en las páginas iniciales de las Escrituras. Se dice que las dos primeras decisiones importantes que Dios toma después de la creación son asuntos de Su corazón: destruir toda carne, excepto a Noé (6:6), aceptar el sacrificio de Noé y determinar nunca volver a inundar la tierra (8:21). Aparentemente, Dios también es lo suficientemente complejo como para tomar decisiones de juicio y de misericordia desde Su corazón.

Sin embargo, al mismo tiempo, si vamos a seguir de cerca y ceder plenamente al testimonio de las Escrituras, nos encontramos con la impresionante afirmación de que, desde otra perspectiva más profunda, hay algunas cosas que salen de Dios de forma más natural que otras. Dios es inquebrantablemente justo. ¿Pero cuál es Su disposición? ¿Qué lo pone ansioso y lo mantiene al borde de Su asiento? Si me tomas por sorpresa, probablemente lo que salga de mí sin siquiera pensarlo sea irritabilidad. Pero si intentas tomar a Dios desprevenido, lo que sale de Él con mayor liberalidad es Su bendición. Su impulso es hacer el bien. El deseo de desbordarnos con alegría.[4] Por eso Goodwin declara que «todos los atributos de Dios parecen exponer Su amor».[5]

Otro texto clave del Antiguo Testamento es Oseas 11, donde, justo después de que Israel fornicara espiritualmente y abandonara al Dios que la amaba, Dios relata con conmovedores términos de afecto Sus sentimientos hacia Israel: «Cuando Israel era muchacho, yo lo amé» (11:1), y «enseñaba a andar al mismo Efraín, tomándole de los brazos [...]. Con cuerdas humanas los atraje, con cuerdas de amor [...], y puse delante de ellos la comida» (11:3-4). Sin embargo, a pesar de este tierno cuidado, «mi pueblo está adherido a la rebelión contra mí» (11:7) y persiste en la idolatría (11:2). ¿Cuál es entonces la respuesta de Dios?

¿Cómo podré abandonarte, oh Efraín?
    ¿Te entregaré yo, Israel?
¿Cómo podré yo hacerte como Adma,
    o ponerte como a Zeboim?
Mi corazón se conmueve dentro de mí,
    se inflama toda mi compasión.
No ejecutaré el ardor de mi ira,
    ni volveré para destruir a Efraín;
porque Dios soy, y no hombre,
    el Santo en medio de ti;
y no entraré en la ciudad. (Os. 11:8-9)

---

4 Encontramos una explicación particularmente útil de la simplicidad divina en *Reformed Dogmatics*, de Herman Bavinck, ed. John Bolt, trad. John Vriend, 4 vols. (Grand Rapids, MI: Baker, 2003-2008), 2: 173-77, quien considera que la simplicidad de Dios implica necesariamente que Él es «el amor supremo» (2:176).

5 Goodwin, *Of Gospel Holiness in the Heart and Life*, en *Works*, 7:211.

Consideramos este texto en el capítulo 7. Lo recuerdo aquí no solo porque tiene un espacio único en el corazón de Dios, de una manera similar a Lamentaciones 3, sino también porque, al comentar sobre Oseas 11:8, Jonathan Edwards declara algo sorprendentemente similar a lo que Goodwin comenta sobre Lamentaciones 3. Edwards escribió: «Dios no se complace en la destrucción o la calamidad de las personas. Prefiere que se vuelvan a Él y continúen en paz. Se goza si abandonan sus malos caminos, para que no tenga que ejecutar Su ira sobre ellos. Él es un Dios que se deleita en la misericordia, y el juicio es Su extraña obra».[6]

Siguiendo el ejemplo de las Escrituras, tanto Edwards como Goodwin señalan que Dios se deleita en la misericordia y llaman al juicio Su «obra extraña».

A medida que leemos y reflexionamos sobre esta enseñanza de grandes teólogos del pasado como Jonathan Edwards o Thomas Goodwin, debemos entender que no están llamando al juicio divino «obra extraña» a partir de un sentido diluido de la ira y la justicia de Dios.

Edwards es famoso por su sermón «Pecadores en las manos de un Dios airado», una representación aterradora del estado precario del impenitente bajo la ira de Dios, aunque no tan aterradora como algunos otros sermones suyos, como «La justicia de Dios en la condenación de los pecadores». *Este* fue el hombre que afirmó

---

6 Jonathan Edwards, «Impending Judgments Averted Only by Reformation» en *The Works of Jonathan Edwards*, vol. 14, *Sermons and Discourses*, 1723-1729, ed. Kenneth P. Minkema (New Haven, CT: Yale University Press, 1997), 221. *Similarly miscellany 1081* en *The Works of Jonathan Edwards*, vol. 20, The «Miscellanies» 833-1152, ed. Amy Plantinga Pauw (New Haven, CT: Yale University Press, 2002), 464-65.

que Dios «se deleita en la misericordia, pero el juicio es Su obra extraña».

En cuanto a Goodwin, se puso de pie y habló con más frecuencia (357 veces) que cualquier otro en la redacción de la Declaración de fe de Westminster en la década de 1640; aquella declaración importante, precisa, reivindicadora de infierno y defensora de la ira, que enseña que cuando los que están fuera de Cristo mueren, «son arrojados al infierno, en donde permanecen atormentados y envueltos en densas tinieblas, en espera del juicio del gran día» (Confesión de Fe de Westminster 32.1); y en el juicio final, «serán arrojados al tormento eterno y castigados con perdición perpetua, lejos de la presencia del Señor y de la gloria de Su poder» (33.2). Esa era la teología de Goodwin, y él influyó ampliamente en su elaboración. En cuanto a los escritos de Goodwin, no dudó en escribir sobre «los incomparables dolores» del infierno, donde «la ira de Dios y Su palabra atormentan a los hombres para siempre», porque «sabe cómo torturar» a los que persisten en el pecado y no se arrepienten.[7]

Edwards, Goodwin y la teología que defendían no eran blandos. Afirmaron, predicaron y enseñaron la ira divina y un infierno eterno. Observaron estas doctrinas en la Biblia (2 Tes. 1:5-12, por citar solo un texto). Pero debido a que conocían la Biblia y la escudriñaban arduamente, también discernieron un hilo de enseñanza en las Escrituras sobre quién es Dios en Su corazón.

Y este es, quizás, el secreto de su influencia probada en el tiempo. Existe un tipo de predicación y enseñanza bíblica que no se ha percatado del corazón de Dios por Su pueblo necio, no ha saboreado lo que naturalmente brota de Él, lo que, con toda

---

7 Goodwin, *Works*, 7:304, 305.

seguridad, en última instancia consuela a sus oyentes. Sin embargo, no fue así con los puritanos o los predicadores del Gran Avivamiento. Sabían que cuando Dios se digna a derramar bondad sobre Su pueblo, lo hace con una cierta naturalidad que refleja las profundidades de quién es Él. Que Dios sea misericordioso muestra Su misma esencia.

Abandonados a nuestras propias intuiciones naturales sobre Dios, concluiremos que la misericordia es Su obra extraña y el juicio Su obra natural. Pero, al reacomodar nuestra visión de Dios a medida que estudiamos las Escrituras, ayudados por los grandes maestros del pasado, observamos que el juicio es Su obra extraña y la misericordia es Su obra natural.

Aflige a los hijos de los hombres, pero no voluntariamente. No desde Su corazón.

16

Jehová, Jehová

... ¡Jehová! fuerte, misericordioso y piadoso; tardo para la ira...

ÉXODO 34:6

¿QUIÉN ES DIOS?

Si pudiéramos elegir un solo pasaje del Antiguo Testamento para responder esa pregunta, sería difícil encontrar uno mejor que Éxodo 34. Dios se revela a Moisés, haciendo que Su gloria pase delante de él, a quien coloca en una hendidura en la roca (33:22). En el momento culminante, leemos:

> Y pasando Jehová por delante de él, proclamó: ¡Jehová! ¡Jehová! fuerte, misericordioso y piadoso; tardo para la ira, y grande en misericordia y verdad; que guarda misericordia a millares, que perdona la iniquidad, la rebelión y el pecado, y que de ningún modo tendrá por inocente al malvado; que visita la iniquidad de los padres sobre los hijos y sobre los hijos de los hijos, hasta la tercera y cuarta generación. (Ex. 34:6-7)

Aparte de la encarnación misma, este pasaje es quizás el clímax de la revelación divina en toda la Biblia. Una forma objetiva de demostrarlo es con qué frecuencia este texto se menciona en otras partes del Antiguo Testamento. Una y otra vez, los profetas que siguieron a Moisés recurren a estos dos versículos del Éxodo para afirmar quién es Dios. Una de estas reiteraciones ocurre en el contexto inmediato del versículo que acabamos de considerar en el capítulo anterior, Lamentaciones 3:33. El versículo previo señala que Dios «también se compadece según la multitud de sus misericordias» (3:32), y el autor utiliza varias de las palabras hebreas clave relacionadas a la revelación de Éxodo 34:6-7. Muchos otros textos también hacen referencia a Éxodo 34, incluidos Números 14:18; Nehemías 9:17; 13:22; Salmos 5:8; 69:14; 86:5, 15; 103:8; 145:8; Isaías 63:7; Joel 2:13; Jonás 4:2; y Nahúm 1:3.

Éxodo 34:6-7 no es una descripción que se menciona una sola vez, o un comentario para solo leerlo de paso. En este texto ahondamos en el centro mismo de quién es Dios. El erudito del Antiguo Testamento, Walter Brueggemann, presta especial atención a este texto en su obra *Theology of the Old Testament* [Teología del Antiguo Testamento], llamándolo «una caracterización extremadamente importante, estilizada y consciente de Yahvéh; una formulación tan estudiada que puede considerarse como una clásica declaración normativa a la que Israel regularmente regresaba, y que merece la etiqueta de "credo"».[1]

¿Cuál es entonces el «credo» de Israel sobre quién es Dios?

No es lo que esperaríamos.

---

1   Walter Brueggemann, *Theology of the Old Testament: Testimony, Dispute, Advocacy*, (Minneapolis: Fortress, 1997), 216.

¿En qué piensas cuando escuchas la frase «la gloria de Dios»? ¿Te imaginas el inmenso tamaño del universo? ¿Una voz atronadora y aterradora desde las nubes?

En Éxodo 33, Moisés le pide a Dios: «Te ruego que me muestres tu gloria» (33:18). ¿Cómo responde Dios? «Yo haré pasar todo mi bien delante de tu rostro» (33:19). ¿«Mi bien»? ¿Acaso no es la gloria de Dios un asunto de Su grandeza y no de Su bondad? Aparentemente no. Dios luego habla de mostrar misericordia y gracia a quien quiera (33:19). Después le dice a Moisés que lo colocará en la hendidura de la roca y que (una vez más) Su *gloria* pasará (33:22). El Señor pasa y, sin embargo, (una vez más) define Su gloria en 34:6-7 como una cuestión de misericordia y gracia:

> … fuerte, misericordioso y piadoso; tardo para la ira, y grande en misericordia y verdad; que guarda misericordia a millares, que perdona la iniquidad, la rebelión y el pecado, y que de ningún modo tendrá por inocente al malvado; que visita la iniquidad de los padres sobre los hijos y sobre los hijos de los hijos, hasta la tercera y cuarta generación.

Cuando hablamos de la gloria de Jehová, estamos hablando de quién es Dios, cómo es, Su resplandor distintivo, lo que hace que Dios sea *Dios*. Y cuando Dios mismo establece los términos de cuál es Su gloria, nos sorprende. Nuestros instintos más profundos esperan que sea un trueno, un mazo, un juicio. Esperamos que la inclinación del corazón de Dios sea una retribución a nuestros caprichos. Y luego Éxodo 34 nos pone una mano en el hombro y nos detiene en seco. La inclinación del corazón de Dios es la misericordia. Su gloria es Su bondad. Su gloria es Su humildad. «… Porque la gloria de Jehová es grande. Porque Jehová es excelso, y atiende al humilde…» (Sal. 138:5-6).

Considera las palabras de Éxodo 34:6-7.

«Fuerte, misericordioso y piadoso». Estas son las primeras palabras que salen de la propia boca de Dios después de proclamar Su nombre («Jehová» o «Yo soy»). *Las primeras palabras.* Las dos únicas palabras que Jesús usará para describir su propio corazón son «manso» y «humilde» (Mat. 11:29). Y dos de las primeras palabras que Dios usa para describir quién es Él son «misericordioso» y «piadoso». Dios no revela Su gloria como: «Jehová, Jehová, exigente y preciso», o «Jehová, Jehová, tolerante y blando», o «Jehová, Jehová, decepcionado y frustrado». Su máxima prioridad, Su más profundo deleite y Su primera reacción (Su corazón), es brindar misericordia y piedad. Utiliza con gentileza nuestros términos en lugar de abrumarnos con los Suyos.

«Tardo para la ira». La frase hebrea es literalmente «largo de fosas nasales». Imagina un toro enojado, pateando el suelo, respirando ruidosamente, las fosas nasales dilatadas. A eso podríamos llamar, por así decirlo, «de nariz corta». Pero el Señor es de nariz larga. No tiene el dedo en el gatillo. Se necesita acumular mucha provocación para hacer brotar Su ira. A diferencia de nosotros, que a menudo somos represas emocionales listas para romperse, Dios puede soportar muchas cosas. Por esta razón el Antiguo Testamento menciona que Dios es «provocado a la ira» por Su pueblo decenas de veces (especialmente en Deuteronomio, 1 y 2 Reyes, y Jeremías). Pero ni una sola vez se nos dice que Dios es «provocado al amor» o «provocado a la misericordia». Su ira requiere provocación; Su misericordia está lista para brotar. Tendemos a pensar que la ira divina está contenida, a punto de estallar, y que la misericordia divina es lenta. Es todo lo contrario. La misericordia divina está lista para desbordarse con el más mínimo pinchazo.[2] (En los humanos caídos funciona al revés, de acuerdo con lo que nos enseña el Nuevo Testamento. Debemos provocarnos al amor, según Hebreos 10:24. Jehová no necesita ser provocado al amor, solo a la ira. Nosotros no necesitamos ser provocados a la ira, solo al amor. Una vez más, la Biblia es un intento exhaustivo de desmontar nuestra visión natural de quién es Dios realmente).

«Grande en misericordia y verdad». Este es un lenguaje relacionado al pacto. Existe una palabra hebrea que subyace en la frase traducida «grande en misericordia». Es la palabra *kjésed*, que se refiere al compromiso especial de Dios con las personas con las que con gusto se ha unido en un vínculo de pacto inquebrantable. La palabra «verdad» también implica que nunca levantará Su brazo contra Su pueblo, a pesar de todas las razones que le dan para hacerlo. Incluso se niega a considerar la idea de abandonarnos, aunque lo merecemos, o de retirar Su corazón de nosotros como lo hacemos con los que nos lastiman. Por lo tanto, no solo *vive* en un compromiso de pacto, sino que *abunda* en él. Su compromiso con nosotros nunca se agota.

«Guarda misericordia a millares». Esto también podría traducirse: «mantiene el amor por mil generaciones», como se declara explícitamente en Deuteronomio 7:9: «Conoce, pues, que Jehová tu Dios es Dios, Dios fiel, que guarda el pacto y la misericordia a los que le aman y guardan sus mandamientos, hasta mil generaciones». Esto no significa que Su bondad se apague con la generación número 1001. Es la forma en que Dios dice: *Mi compromiso contigo no tiene fecha de caducidad. No puedes deshacerte de mi gracia. No puedes escapar de mi misericordia. No puedes evadir mi bondad. Mi corazón está puesto en ti.*

---

2 Agradezco a Wade Urig por ayudarme a considerar esto.

«Visita la iniquidad de los padres sobre los hijos y sobre los hijos de los hijos, hasta la tercera y cuarta generación». Esta declaración final, aunque sea inicialmente difícil de escuchar, es vital y, al reflexionar en ella, fomenta mayor consuelo. Sin ella, todo lo que ha sucedido antes podría malinterpretarse como mera indulgencia. Pero Dios no es blando. Él es la única Persona perfectamente justa en el universo. Dios no puede ser burlado; cosechamos lo que sembramos (Gál. 6:7). El pecado y la culpa pasan de generación en generación. Vemos esto a nuestro alrededor en el mundo. Pero considera lo que Dios declara. Su amor de pacto fluye hasta mil generaciones; pero Él visita los pecados generacionales hasta la tercera o cuarta generación. ¿Observas la diferencia? Sí, nuestros pecados se transmitirán a nuestros hijos y nietos. Pero la bondad de Dios se transmitirá de una manera que inexorablemente se traga todos nuestros pecados. Sus misericordias viajan mil generaciones, eclipsando a la tercera o la cuarta generación.

———

Así es Dios. Esto, según Su propio testimonio, es Su corazón.

La asimetría de Éxodo 34:6-7 nos sorprende. La misericordia y el amor cobran gran importancia; la justicia retributiva es reconocida pero casi como una idea necesaria de último momento. John Owen lo expresó de esta manera al comentar sobre este pasaje:

> Cuando [Dios] declaró solemnemente Su naturaleza mediante Su nombre, para que podamos conocerlo y temerlo, lo hizo mediante una enumeración de esas propiedades que pueden convencernos de Su compasión y paciencia, y hasta el final hace mención de Su

severidad, como aquello que ejercerá solo con quien desprecia Su compasión.[3]

Los puritanos entendieron que, en esta revelación a Moisés, Dios nos muestra Sus sentimientos más profundos. En la suprema revelación de Dios en todo el Antiguo Testamento, Jehová no siente la necesidad de equilibrar Su misericordia con Su ira. Más bien habla de sí mismo, como lo expresó Richard Sibbes, «adornado de dulces atributos». Sibbes también declaró: «Si deseamos conocer el nombre de Dios, y contemplar a Dios como Él se complace en revelarse a nosotros, conozcámoslo por los nombres que allí proclama, demostrando que la gloria del Señor en el evangelio brilla especialmente en misericordia».[4]

Lo que observamos en Éxodo 34, y lo que confirman Owen y Sibbes, resuena en el resto de la Biblia, como en Isaías 54:7-8, donde el Señor dice:

> Por un breve momento te abandoné,
>> pero te recogeré con grandes misericordias.
> Con un poco de ira escondí mi rostro
>> de ti por un momento;
> pero con misericordia eterna tendré compasión de ti.

Desde cierta perspectiva, la vida cristiana es el largo viaje que permite que nuestra suposición natural sobre quién es Dios, durante muchas décadas, desaparezca, siendo reemplazada lentamente por la propia insistencia de Dios sobre quién es Él en realidad. Este es un arduo trabajo. Se necesitan muchos sermones y mucho sufrimiento

---

3   John Owen, *An Exposition of the Epistle to the Hebrews*, en W. H. Goold, ed., *The Works of John Owen*, vol. 25 (reimp., Edimburgo: Banner of Truth, 1965), 483.

4   Richard Sibbes, *The Excellency of the Gospel Above the Law*, en *The Works of Richard Sibbes*, ed. A. B. Grosart, 7 vols. (Edimburgo: Banner of Truth, 1983), 4:245.

para creer que los sentimientos más profundos de Dios son «misericordioso y piadoso; tardo para la ira». La caída en Génesis 3 no solo nos envió a la condena y al exilio. La caída también arraigó en nuestras mentes pensamientos oscuros sobre Dios, pensamientos que solo se desarraigan tras múltiples exposiciones al evangelio durante muchos años. Quizás la mayor victoria de Satanás en tu vida hoy no es el pecado al que te entregas regularmente, sino los oscuros pensamientos sobre el corazón de Dios que te hacen volver a caer y que mantienen tu corazón frío hacia Él.

Pero, por supuesto, la prueba final de quién es Dios no se puede encontrar en Éxodo, sino en Mateo, Marcos, Lucas y Juan. En Éxodo 33–34, Moisés no puede ver el rostro ni la vida de Dios, porque moriría. Pero ¿qué pasaría si un día los humanos contemplaran el rostro de Dios de una manera que no los matara? Cuando Juan habla del Verbo que se hizo carne, dice: «Vimos su gloria», hemos visto lo que Moisés pidió ver, pero no pudo, «lleno de gracia y verdad» (Juan 1:14, identificando a Cristo como poseedor de los mismos rasgos de Dios en Éxodo 34:6).

Juan no es el único escritor del evangelio que establece conexiones con Éxodo 33–34. Considera esto: la celebración de Éxodo 34 viene después de una alimentación milagrosa (Ex. 16:1-36) y una discusión sobre el día de reposo (31:12-18); involucra al líder representativo de Dios hablando con Él en una montaña (32:1, 15, 19; 34:2, 3, 29); concluye con el pueblo de Dios aterrorizado, recibiendo paz y acercándose a hablar con el líder representativo del Señor cuando desciende de una montaña (34:30-31); es seguido inmediatamente por un recuento de las maravillas entre las personas a medida que se desarrolla la adoración (34:9-10); y luego es seguido de una nueva reunión entre el líder representativo del Señor y Dios mismo, lo que hace que la cara del líder resplandezca (34:29-33).

Cada uno de estos detalles narrativos ocurre en Marcos 6:45-52 y su contexto inmediato, cuando Jesús camina sobre el agua.[5]

Y ahora comenzamos a ver por qué Jesús tenía la intención de «pasar delante» de Sus discípulos que luchaban con los remos en el Mar de Galilea. El texto dice que «viéndoles remar con gran fatiga, porque el viento les era contrario, cerca de la cuarta vigilia de la noche vino a ellos andando sobre el mar, y quería adelantárseles» (Mar. 6:48). ¿Por qué intentaba adelantárseles? La razón es que Jesús no solo tiene la intención de «pasar» a los discípulos de la manera en que un automóvil rebasa a otros en la carretera. Su adelantamiento es mucho más significativo y solo se entiende en el contexto del Antiguo Testamento. Cuatro veces en Éxodo 33–34, el Señor dice que se «haría pasar» delante de Moisés, la Septuaginta (el Antiguo Testamento griego) utiliza la misma palabra (*parérjomai*) que usa Marcos.

El Señor pasó delante de Moisés y reveló que Su gloria más profunda se observa en Su misericordia y gracia. Jesús vino a hacer en carne y hueso lo que Dios había hecho solo con viento y voz en el Antiguo Testamento.

Cuando vemos que el Señor revela Su verdadero carácter a Moisés en Éxodo 34, observamos la sombra que algún día dejaría el

---

5 Es decir: una alimentación milagrosa (Mar. 6:30-44); discusión sobre el día de reposo (6:2); el líder representativo de Dios habla con Dios en una montaña (6:46); el pueblo de Dios, aterrorizado, recibe paz, se acerca y habla con el líder representativo de Dios cuando desciende de una montaña (6:49-50); es seguido inmediatamente por un recuento de las maravillas entre la gente mientras Jesús está en medio de ellos (6:53-56); y luego es seguido por una nueva reunión entre el líder representativo del Señor y Dios, lo que hace que la cara del líder resplandezca (9:2-13). Los lectores que deseen ver estas conexiones en detalle pueden consultar a Dane Ortlund, «The Old Testament Background and Eschatological Significance of Jesus Walking on the Sea (Mark 6:45-52)», *Neotestamentica* 46 (2012): 319-37.

protagonismo a Jesucristo (el cuerpo de esa sombra) en los Evangelios. Se nos da en 2-D lo que se evidenciaría en 3-D siglos más tarde, en la cúspide de la historia humana.

En Éxodo 34, se nos habla de los sentimientos más profundos de Dios. Pero se hacen evidentes en aquel carpintero galileo, quien testificó que este fue Su corazón durante toda Su vida y luego lo demostró cuando fue a una cruz romana, descendiendo al infierno del abandono divino en nuestro lugar.

17

Sus caminos no son nuestros caminos

... mis pensamientos no son vuestros pensamientos...

ISAÍAS 55:8

EL MENSAJE DE ESTE libro es que tendemos a proyectar nuestras expectativas naturales sobre quién es Dios en lugar de buscar que la Biblia nos sorprenda con lo que Dios mismo nos enseña. Quizás en ninguna parte de la Biblia se aclara más este punto que en Isaías 55. Sobre este pasaje, Juan Calvino declaró: «No existe nada que perturbe más nuestra conciencia que cuando pensamos que Dios es como nosotros».[1]

Cuando la vida da un giro difícil e inesperado, los cristianos a menudo les recuerdan a los demás, encogiéndose de hombros: «Sus caminos no son nuestros caminos», tratando de transmitir los misterios de la providencia divina mediante los cuales Él organiza los eventos de manera que nos sorprenden. La misteriosa

---

1 Juan Calvino, *Commentary on the Prophet Isaiah*, vol. 4, trad. William Pringle (reimp., Grand Rapids, MI: Baker, 2003), 169.

profundidad de la divina providencia es, por supuesto, una preciosa verdad bíblica. Pero el pasaje en el que encontramos la idea de «sus caminos no son nuestros caminos» proviene de Isaías 55. Y en su contexto, significa algo muy diferente. No es una declaración de la fascinación de la misteriosa providencia de Dios, sino de la fascinación del corazón compasivo de Dios. Observa el pasaje completo:

> Buscad a Jehová mientras puede ser hallado,
>> llamadle en tanto que está cercano.
> Deje el impío su camino,
>> y el hombre inicuo sus pensamientos,
> y vuélvase a Jehová, el cual tendrá de él misericordia,
>> y al Dios nuestro, el cual será amplio en perdonar.
> Porque mis pensamientos no son vuestros pensamientos,
>> ni vuestros caminos mis caminos, dijo Jehová.
> Como son más altos los cielos que la tierra,
>> así son mis caminos más altos que vuestros caminos,
>> y mis pensamientos más que vuestros pensamientos.
> (Isa. 55:6-9)

La primera parte de este pasaje nos dice qué hacer. La segunda parte nos dice por qué. La transición llega hacia el final del versículo 7 (que concluye: «será amplio en perdonar»). Pero considera el razonamiento de este pasaje.

Dios nos llama a buscarlo, e invita incluso a los malvados a regresar al Señor. ¿Qué pasará cuando hagamos esto? Dios tendrá misericordia de nosotros (v. 7). El paralelismo de la poesía hebrea nos da otra forma de decir que Dios ejercerá compasión hacia nosotros: «Será amplio en perdonar» (v. 7). Esto es un gran consuelo para nosotros, ya que nos encontramos una y otra vez alejándonos del Padre, buscando la calma del alma en cualquier lugar excepto en Su abrazo e instrucción. Si regresamos a Dios arrepentidos, sin importar cuán avergonzados y disgustados estemos con nosotros mismos, no perdonará parcialmente, sino que será amplio en perdonar. No solo nos acepta. Nos toma en Sus brazos otra vez.

Pero considera lo que hace el texto. Los versículos 8 y 9 nos conducen aún más profundo en esta compasión y abundante perdón. El versículo 7 nos ha dicho lo que Dios hace; los versículos 8 y 9 nos dicen quién es. O para decirlo de otra manera, Dios sabe que *incluso cuando escuchamos sobre Su perdón compasivo, nos aferramos a esa promesa con una visión disminuida del corazón de donde fluye ese perdón*. Por eso el Señor continúa:

> Porque mis pensamientos no son vuestros pensamientos,
>   ni vuestros caminos mis caminos, dijo Jehová.
> Como son más altos los cielos que la tierra,
>   así son mis caminos más altos que vuestros caminos,
>   y mis pensamientos más que vuestros pensamientos.

¿Qué está diciendo Dios? Nos está diciendo que no podemos ver las expresiones de Su misericordia con nuestros viejos ojos. Nuestra propia visión de Dios debe cambiar. ¿Qué le diríamos a un niño de siete años que, al recibir un regalo de cumpleaños de su amado padre, inmediatamente se apresura a alcanzar su alcancía para intentar pagarle? Qué doloroso para el corazón de un padre. Ese niño necesita cambiar su punto de vista sobre quién es su padre y lo que se deleita en hacer.

El corazón humano caído fluye naturalmente hacia la reciprocidad, la venganza, el equilibrio de la balanza. Somos mucho más intratablemente legalistas de lo que creemos. Hay algo sano y glorioso detrás de ese impulso, por supuesto; somos hechos a imagen de Dios, deseamos orden y justicia en lugar de caos. Pero ese impulso, como cada parte de nosotros, se ha visto afectado por la caída en el pecado. Nuestra capacidad de comprender el corazón de Dios se ha derrumbado. Tenemos una visión empobrecida de cómo se siente con respecto a Su pueblo, una visión que (una vez más, debido al pecado) pensamos correcta sobre quién es Él; como un nieto a quien su abuelo le muestra un billete de 100 dólares y concluye que su abuelo seguramente es muy rico, sin saber que ese regalo es solo un mínimo reflejo de los miles de millones de dólares en bienes raíces que el abuelo posee.

Dios nos enseña, en términos claros, cuán pequeña es nuestra percepción natural de Su corazón. Sus pensamientos no son nuestros pensamientos. Sus caminos no son nuestros caminos. Y no porque nos desviamos unos cuantos centímetros. No, «como son más altos los cielos que la tierra», una forma hebrea de expresar la infinitud espacial, «así son mis caminos más altos que vuestros caminos, y mis pensamientos más que vuestros pensamientos» (v. 9). En el versículo 8, Dios declara que Sus caminos y los nuestros son diferentes; en el versículo 9 es más específico y dice que Sus pensamientos son más altos. Es como si Dios estuviera diciendo en el versículo 8 que Él y nosotros pensamos de manera muy diferente, mientras que en el versículo 9 está diciendo exactamente cómo, es decir, Sus «pensamientos» (la palabra hebrea no significa simplemente «reflexión mental pasajera», sino «planes», «disposiciones», «intenciones», «propósitos») son superiores, más grandiosos, envueltos en compasión para la cual los pecadores caídos no tenemos una categoría natural.

Solo hay otro lugar en la Biblia donde encontramos la frase exacta «como son más altos los cielos que la tierra». En el Salmo 103, David ora: «Porque como la altura de los cielos sobre la tierra, engrandeció su misericordia sobre los que le temen» (v. 11). Los dos pasajes, el Salmo 103:11 e Isaías 55:9, se esclarecen mutuamente.[2] Los caminos y los pensamientos de Dios no son nuestros caminos y pensamientos, ya que los Suyos son pensamientos de amor y compasión que se extienden más allá de lo que nuestra mente puede pensar.

———

Calvino, el teólogo que más enseñó sobre la divina providencia, observó que el misterio de la providencia no es lo que Isaías 55 realmente busca. Señala que algunos interpretan la frase «mis pensamientos no son vuestros pensamientos» como un puro distanciamiento entre Dios y nosotros, expresando el enorme abismo entre la divinidad sagrada y la humanidad profana. Sin embargo, Calvino consideró que la intención del pasaje está exactamente en la dirección opuesta. Sí, existe una gran distancia entre Dios y nosotros; tenemos pensamientos limitados sobre el corazón de Dios, pero Él sabe que Su corazón está irremediable, expresiva e insuperablemente inclinado a nosotros.

Calvino comentó que «debido a que es difícil eliminar el terror de las mentes temerosas, Isaías presenta el argumento de la naturaleza de Dios, es decir, que Él estará listo para perdonar y reconciliarse con nosotros».[3] Luego se dirige al centro de lo que Dios nos está diciendo en este texto. Después de identificar la interpretación errónea, señala:

---

2   El texto hebreo en ambos versículos es casi idéntico, con solo una diferencia en la preposición, aunque el significado esencial sigue siendo el mismo.
3   Calvino, *Isaiah*, 168.

Considero que el significado del profeta es diferente y otros comentaristas lo explican de forma correcta, según mi juicio, al pensar que establece una distinción entre la disposición de Dios y la disposición del hombre. Los hombres suelen juzgar y medir al Señor comparándolo con ellos mismos; porque sus corazones están conmovidos por pasiones furiosas y son muy difíciles de aplacar; y por lo tanto, piensan que no pueden reconciliarse con Dios cuando lo han ofendido. Pero el Señor muestra que está lejos de parecerse a los hombres.[4]

El lenguaje que Calvino utiliza para hablar de la disposición de Dios está relacionado con el corazón. Recuerda, cuando hablamos del corazón de Dios, estamos hablando de la preferencia de Sus afectos, Su inclinación natural, el concepto reglado de quién es y qué hace. Y la disposición divina, enseña Calvino, es, según Isaías 55, lo contrario a nuestra disposición natural caída.

Nuestro corto entendimiento de la alegría estruendosa del perdón divino acorta la distancia de nuestra percepción de quién es Dios, pero no limita lo que Él es en realidad. «Dios es infinitamente compasivo y está infinitamente dispuesto a perdonar, por lo que, si no obtenemos Su perdón, debe atribuirse exclusivamente a nuestra incredulidad».[5]

---

4 Ibíd., 168. Calvino comenta algo similar sobre Salmos 89:2: «Nunca un hombre abrirá libremente su boca para alabar a Dios, a menos que esté completamente persuadido de que Dios, incluso cuando está enojado con Su pueblo, nunca deja de lado Su afecto paternal hacia ellos». Juan Calvino, *Commentary on the Book of Psalms*, vol. 3, trad. James Anderson (reimp., Grand Rapids, MI: Baker, 2003), 420.

5 Calvino, *Isaiah*, 169. Goodwin también reflexiona sobre Isaías 55:8-9 en *The Works of Thomas Goodwin*, 12 vols. (reimp., Grand Rapids, MI: Reformation Heritage, 2006), 2:194.

El corazón compasivo de Dios trastorna nuestros preconceptos instintivos sobre cómo le agrada responder a Su pueblo, si tan solo ellos arrojan a Sus pies la ruina y la miseria de sus vidas. Él no es como tú. Incluso el amor humano más intenso no es sino la más leve sombra del amor celestial. Sus pensamientos por ti superan lo que puedes concebir. Él tiene la intención de restaurarte al resplandor radiante para el que fuiste creado. Y eso no depende de que te mantengas limpio, sino de que le lleves tu desorden a Él. No se limita a trabajar con las partes intactas que nos quedan después de toda una vida de pecado. Su poder es tan profundo que puede redimir las peores partes de nuestro pasado y convertirlas en las más radiantes de nuestro futuro. Pero tenemos que llevarle esas miserias.

Sabemos que Él es el futuro Restaurador de los que no lo merecen debido a lo que el pasaje enseña:

> Porque con alegría saldréis,
> y con paz seréis vueltos;
> los montes y los collados levantarán
> canción delante de vosotros,
> y todos los árboles del campo darán palmadas de aplauso.
> En lugar de la zarza crecerá ciprés,
> y en lugar de la ortiga crecerá arrayán;
> y será a Jehová por nombre,
> por señal eterna que nunca será raída. (Isa. 55:12-13)

Los pensamientos de Dios son mucho más altos que los nuestros porque no solo perdona abundantemente al penitente; Él ha decidido llevar a Su pueblo a un futuro tan glorioso que casi no podemos atrevernos a esperarlo. La poesía de este pasaje comunica maravillosamente que el corazón de Dios para Su pueblo está llegando a un *crescendo* a medida que pasan las generaciones, preparándose para el clímax en la historia de la humanidad al final de todas las cosas. Nuestra alegre humanidad restaurada surgirá con tanta energía espiritual que la creación misma estallará en estridentes himnos de celebración. Esta es la fiesta que toda la creación espera con ansiosa anticipación (Rom. 8:19), porque su gloria está ligada a nuestra gloria y depende de ella (Rom. 8:21). El universo será restaurado a un hermoso brillo y dignidad a medida que los hijos e hijas de Dios reciban un futuro tan seguro como inmerecido.

¿Cómo podemos estar tan seguros?

Porque, aunque Sus caminos son más altos que los nuestros, la *forma* en que Sus pensamientos son más altos que los nuestros es que no nos percatamos de cuán bajo se deleita en buscarnos. Como leemos algunos capítulos más adelante en Isaías:

> Porque así dijo el Alto y Sublime,
>> el que habita la eternidad, y cuyo nombre es el Santo:
> Yo habito en la altura y la santidad,
>> y con el quebrantado y humilde de espíritu,
> para hacer vivir el espíritu de los humildes,
>> y para vivificar el corazón de los quebrantados. (57:15)

¿Dónde está el corazón de Dios, el indescriptiblemente exaltado y santo, de acuerdo con Isaías 57:15? Con los humildes. Cuando Jesús apareció 700 años después de que Isaías profetizara y revelara sus sentimientos más profundos como «manso y humilde de corazón», estaba demostrando de una vez por todas que la humildad es donde Dios ama morar. Es lo que hace. Es Su esencia. Sus caminos no son nuestros caminos.

18

Compasión desde las entrañas

... Mis entrañas se conmovieron por él...

JEREMÍAS 31:20

EL PUNTO CULMINANTE DE la profecía de Jeremías son los capítulos 30 al 33. Los eruditos llaman a esta parte el «Libro de la Consolación» porque Dios revela a Su pueblo en estos capítulos la respuesta final a su pecaminosidad, y no es lo que se merecen. Aunque esperan juicio, los sorprende con consuelo. ¿Por qué? Porque los tenía en Su corazón, y no pueden escapar de Él. «Con amor eterno te he amado», les asegura (Jer. 31:3).

¿En qué contexto se nos da el Libro de la Consolación? Después de 29 capítulos de sórdidos relatos de la pecaminosidad de Israel. Consideremos solo algunas declaraciones representativas de los capítulos iniciales:

- «Y a causa de toda su maldad, proferiré mis juicios contra los que me dejaron» (1:16)
- «Me han abandonado a mí» (2:13, NVI)
- «Alza tus ojos a las alturas, y ve en qué lugar no te hayas prostituido» (3:2)

- «¿Hasta cuándo permitirás en medio de ti los pensamientos de iniquidad?» (4:14)
- «Este pueblo tiene corazón falso y rebelde» (5:23)
- «Como la fuente nunca cesa de manar sus aguas, así ella nunca cesa de manar su maldad» (6:7)

Y así sucesivamente a través de 29 capítulos. Y luego, después de los capítulos 30 al 33, el resto del libro es juicio contra las naciones.

Pero aquí, en el centro del libro, el pináculo desde el cual se puede ver todos los 52 capítulos, encontramos el Libro de la Consolación. Y dentro de estos cuatro capítulos, quizás el texto que resume todo de mejor manera es Jeremías 31:20:

> ¿No es Efraín hijo precioso para mí?
> ¿no es niño en quien me deleito?
> pues desde que hablé de él,
> me he acordado de él constantemente.
> Por eso mis entrañas se conmovieron por él;
> ciertamente tendré de él misericordia,
> dice Jehová.

«Efraín» es solo otro término para Israel, el pueblo de Dios, aunque parece ser una especie de nombre que muestra afecto por Israel en todo el Antiguo Testamento. Y Dios pregunta: «¿No es Efraín hijo precioso para mí?». Dios no está especulando. Es una declaración, vestida con la delicadeza de una pregunta. Su pueblo es Su «hijo precioso». ¿Tu doctrina sobre Dios tiene espacio para que Él hable así?

«Pues desde que hablé de él [como lo hizo durante 29 capítulos, reprendiendo mordazmente a Su pueblo], me he acordado de él constantemente». *Acordarse* no se refiere a la facultad de recordar. Dios lo sabe todo. Él tiene toda la verdad sobre todas las cosas en todo momento en Su mente con el mismo conocimiento perfecto. *Acordarse* aquí es utilizado como lenguaje de pacto. Es relacional. No se trata de recordar como lo opuesto al olvido, sino como lo opuesto al *abandono*.

Y luego llegamos al punto culminante del versículo clave de los cuatro capítulos centrales del libro de Jeremías: «Por eso mis entrañas se conmovieron por él».

———

«Mis entrañas». Hay otra palabra hebrea para «entrañas», *leb* (pronunciada *labe*), que es la típica palabra hebrea que se traduce «corazón» en el Antiguo Testamento (también la encontramos en Lamentaciones 3:33: «Porque no aflige ni entristece voluntariamente»). Pero aquí en Jeremías 31, la palabra es *mehá*. Literalmente se refiere al interior de una persona, a las tripas. Esta es la razón por la cual las traducciones antiguas como la RVR1960 la traducen como «entrañas». Es la palabra utilizada, por ejemplo, en 2 Samuel 20:10, cuando Joab apuñala a Amasa «en la quinta costilla, y derramó sus *entrañas* por tierra».

Dios, por supuesto, no tiene entrañas. Es Su forma de hablar de Su deseo más íntimo, Su compasión interior, Sus sentimientos más profundos de los cuales nuestras emociones son solo una representación; en una palabra, Su corazón. Calvino nos recuerda que hablar de las entrañas o el corazón de Dios «no corresponde propiamente a Dios», pero esto de ninguna manera diluye la verdad de que Dios está comunicando «la grandeza de Su amor por nosotros».[1]

---

1 Juan Calvino, *Commentaries on the Prophet Jeremiah and the Lamentations*, vol. 4, trad. J. Owen (reimp., Grand Rapids, MI: Baker, 2003), 109.

Considera lo que dice el texto que hace Su corazón. «Por eso mis entrañas se conmovieron por él». ¿Qué es conmoverse? Es algo diferente a bendecir, salvar o incluso amar. La palabra hebrea aquí (*jamá*) en su raíz tiene la denotación de estar inquieto o agitado, o incluso gruñir, rugir o ser bullicioso o turbulento. ¿Ves lo que Dios está revelando sobre sí mismo? Sus afectuosos sentimientos por los Suyos no se ven amenazados por su inconstancia, porque de Sus entrañas, de Su corazón, brota la turbulencia de la compasión divina. Y lo que Dios quiere, consigue.

Por lo tanto, «ciertamente tendré de él misericordia». Si traducimos esta frase de forma literal, sería algo similar a esto: «Teniendo misericordia, tendré misericordia de él». A veces, el hebreo repite un verbo para enfatizarlo (lo mismo ocurre en el verso anterior con «acordar»). El compasivo corazón de Dios salva y vuelve a salvar a los pecadores que se ahogan en las aguas pantanosas de 29 capítulos; ellos necesitan un rescate que ni siquiera pueden comenzar por sí mismos, y mucho menos alcanzar por completo.

En medio de tu pecado y sufrimiento, ¿quién crees que es Él? ¿Quién crees que es Dios, no solo en el papel, sino cómo crees que es cuando te escucha orar? ¿Qué siente por ti? Su salvación no es fría ni calculadora. Es una cuestión de anhelo entrañable; no anhelo por la persona que finges ser en Facebook, tampoco por la persona que deseas ser, sino que anhela entrañablemente a tu verdadero yo, a la persona que está debajo de todo lo que presentas a los demás.

Necesitamos entender que, sin importar el tiempo que hayamos estado caminando con el Señor, ya sea que nunca hayamos leído la Biblia por completo o tengamos un doctorado en estudios bíblicos, poseemos cierta resistencia perversa a esta idea. De Su corazón fluye la misericordia; de los nuestros, renuencia a recibirla.

Nosotros somos fríos y calculadores, Él no. Él nos da la bienvenida, nosotros nos rehusamos. Nuestra perspectiva naturalmente diluida del corazón de Dios puede parecernos correcta porque somos severos con nosotros mismos, no aceptamos el perdón con facilidad. Sentimos que esta severidad es moralmente apropiada, pero este desvío del anhelo del corazón del Señor no refleja el testimonio de las Escrituras sobre cómo se siente Dios hacia los Suyos. Por supuesto, Él toma en serio la moralidad, mucho más que nosotros, pero la Biblia nos despoja de la idea de que Su corazón por nosotros varía de acuerdo con lo buenos que seamos. El corazón de Dios trastorna nuestros preconceptos de quién es Él.

Thomas Goodwin cita Jeremías 31:20 y luego deduce que, si esto es cierto sobre Dios, ¿cuánto más sobre Cristo? Explica que dicho texto «puede brindarnos los más fuertes consuelos y estímulos» en presencia de muchos pecados en nuestras vidas:

> Hay consuelo con respecto a tales iniquidades, en el sentido de que tus propios pecados lo conducen a la compasión más que a la ira [...]. Cristo participa contigo y está lejos de ser provocado en tu contra, ya que toda Su ira se vuelve sobre tu pecado; sí, Su compasión aumenta hacia ti, como el corazón de un padre por el hijo que padece una enfermedad repugnante, o como un hombre con un miembro de su cuerpo que padece lepra; no odia al miembro, porque es su carne, sino a la enfermedad, y eso le provoca compasión por la parte más afectada. ¿Qué no hará por nosotros, cuando nuestros pecados, que son a la vez contra Cristo y contra nosotros, se convierten en motivos para que tenga más compasión de nosotros?[2]

Goodwin explica que nuestra piedad y compasión se extienden con la misma intensidad en que amamos a la otra persona. «Cuanto

---

2 Thomas Goodwin, *The Heart of Christ*, (Edimburgo: Banner of Truth, 2011), 155-56.

mayor es la miseria, mayor es la compasión cuando la persona es amada. Ahora, de todas las miserias, el pecado es la más grande», y «Cristo lo considerará como tal». ¿Cómo responde entonces a tanta miseria en nuestras vidas? «Él, que ama a las personas y odia solo al pecado, derramará Su odio sobre el pecado para liberarte de él, pero Sus afectos serán más atraídos hacia ti; y esto sucede cuando estás bajo pecado o bajo cualquier otra aflicción. Por lo tanto, no temas».[3]

Algunos de nosotros separamos nuestros pecados de nuestros sufrimientos. Después de todo, somos culpables de nuestros pecados, mientras que nuestro sufrimiento (al menos gran parte) es simplemente lo que nos sucede en este mundo arruinado por la caída. Así que solemos tener mayores dificultades para esperar la suave compasión de Dios hacia nuestros pecados de la misma manera que hacia nuestros sufrimientos. Pensamos: *Seguramente Su corazón fluye más libremente cuando pecan contra mí que cuando yo peco.*

Pero observa la lógica de Goodwin. Si la intensidad del amor se correlaciona con la intensidad de la miseria en el ser amado, y si nuestra mayor miseria es nuestro pecado, entonces el amor más intenso de Dios fluye hacia nosotros en nuestro pecado. Sí, Goodwin declara que Dios tiene odio, pero hacia el pecado. Y la combinación de amor por nosotros más el odio por el pecado es igual a la certeza más omnipotente posible de que Él nos librará completamente del pecado, y algún día nos llevará al gozo sin obstáculo de Su alegre corazón por nosotros.

---

3 Goodwin, *Heart of Christ*, 156.

El mundo anhela un amor entrañable, un amor que recuerda en lugar de abandonar. Un amor que no está ligado a nuestra belleza. Un amor que abarca todo nuestro desorden. Un amor que es más grande que la oscuridad envolvente por la que podríamos estar caminando incluso hoy. Un amor del cual el amor humano más intenso viene a ser su más débil sombra.

Sin embargo, esto puede parecer tan abstracto, ya que Jeremías habla del corazón de Dios: subjetivo, blando, etéreo. Pero recuerda por qué Goodwin puede pasar tan fácilmente del corazón de Dios en Jeremías al corazón de Cristo. ¿Qué pasa si lo abstracto se vuelve concreto? ¿Qué pasaría si el corazón de Dios no fuera simplemente algo que nos viene del cielo, sino algo que apareció entre nosotros aquí en la tierra? ¿Qué pasaría si viéramos el corazón de Dios no en un profeta que nos dice palabras, sino en un profeta que nos dice que Él *es* la Palabra de Dios, la encarnación de todo lo que Dios quería decirnos?

Si las palabras de Jeremías 31:20, «mis entrañas se conmovieron por él», se vistieran de carne, ¿cómo serían?

Parecerían un carpintero del Medio Oriente que restaura la dignidad, la humanidad, la salud y la conciencia de hombres y mujeres a través de sanidades, exorcismos, enseñanzas abrazos y perdón.

Y ahora comenzamos a ver una resolución a la tensión que Jeremías 31:20 ha creado, una tensión que retumba a través de todo el Antiguo Testamento, creciendo en ímpetu y en agudeza: la tensión entre la justicia divina y la misericordia divina. Dios dice aquí: «Hablé de él», es decir, en su contra, pero también dice: «Me he acordado de él». Acusación *y* amor, justicia *y* misericordia, oscilado entre estas dos ideas, como observamos a través del Antiguo Testamento.

Pero en el apogeo de la historia humana, la justicia quedó plenamente satisfecha y la misericordia se derramó por completo al mismo tiempo, cuando el Padre envió a Su «precioso Hijo» a una cruz romana, donde Dios realmente habló contra Él, donde Jesucristo derramó Su sangre, el inocente por el culpable, para que Dios pudiera decir: «Me he acordado» de ellos. Incluso cuando abandonó a Jesús mismo.

En la cruz, vemos lo que Dios hizo para satisfacer Su anhelo entrañable por nosotros. Él fue así de lejos. Recorrió todo el camino. La desmedida efusividad de las entrañas del cielo se mostró en la crucifixión de Cristo.

Arrepiéntete de tus pensamientos que menosprecian el corazón de Dios. Arrepiéntete y permite que Él te ame.

19

Rico en misericordia

Pero Dios, que es rico en misericordia...

LAS OBRAS DE THOMAS Goodwin se distribuyen en doce volúmenes, más de 500 páginas cada uno en letra pequeña. El segundo volumen está dedicado por completo a Efesios 2. Es una serie de sermones, y Goodwin hace una pausa cuando llega al versículo 4 y dedica varios sermones a este único versículo:

> Pero Dios, que es rico en misericordia, por su gran amor con que nos amó...

Los versículos 1 al 3 nos enseñan por qué necesitábamos salvación: estábamos espiritualmente muertos. Los versículos 5 y 6 nos explican cuál fue la salvación: Dios nos dio vida. Pero es el versículo 4, justo en el medio de estos, nos dice por qué Dios nos salvó. Los versículos 1-3 presentan el problema; los versículos 5-6 dan la solución; y el versículo 4 la razón por la que Dios realmente solucionó el problema en lugar de dejarnos donde estábamos.

¿Y cuál es esa razón? Dios no es pobre en misericordia. Es rico en misericordia.

En ninguna otra parte de la Biblia se describe a Dios como rico en algo. Lo único en lo que se llama *rico* es en misericordia. ¿Qué significa esto? Significa que Dios es algo diferente de lo que naturalmente creemos que es. Significa que la vida cristiana está llena de pensamientos tibios sobre la bondad de Dios. En Su justicia, Dios es exigente; en Su misericordia, Dios se desborda. «Él es rico para todos; es decir, es infinito, desbordante de bondad, es extremadamente afable, es bueno para derramar riquezas y para dar en abundancia».[1] Así como el Antiguo Testamento repite la frase «tener misericordia» en Jeremías 31:20, el Nuevo Testamento llama a Dios «rico en misericordia».

Al haber explorado en capítulos recientes los precursores del Antiguo Testamento relacionados al clímax de la historia humana en Mateo 11:29, y en los cuatro Evangelios, ahora volvemos al Nuevo Testamento para nuestros últimos capítulos.

Leemos en Efesios 2:4: «Pero Dios, que es rico en misericordia...». *Es*, no *se convierte*. Una declaración como esa nos conduce a los recovecos internos del Creador, al Lugar Santísimo del cielo, detrás del velo interior, revelándonos el núcleo que da vida al ser y la naturaleza de Dios. «Él es la fuente de toda misericordia [...]. Es natural para él [...]. Es Su naturaleza y disposición, porque cuando muestra misericordia, lo hace con todo Su corazón».[2] Por eso se deleita en ella (Miq. 7:18).

1 Thomas Goodwin, *The Works of Thomas Goodwin*, 12 vols. (reimp., Grand Rapids, MI: Reformation Heritage, 2006), 2:182.
2 Goodwin, *Works*, 2:179.

Por esta razón, David reconoció en oración a Dios que la misericordia que se le mostró fue «según [Su] corazón» (1 Crón. 17:19). Él es una fuente de misericordia. Es un multimillonario en misericordia, y los retiros que hacemos a medida que pecamos en nuestra vida hacen que Su fortuna crezca, no que disminuya.

¿Cómo puede ser? Porque Él es misericordia. Si la misericordia fuera algo que simplemente poseyera, mientras que Su naturaleza más profunda fuera algo diferente, habría un límite en la cantidad de misericordia que podría repartir. Pero si Él es esencialmente misericordioso, entonces derramar misericordia es solo actuar de acuerdo con quién es; simplemente está siendo Dios. Cuando muestra misericordia, está actuando de una manera fiel a sí mismo. Una vez más, esto no significa que solo sea misericordioso. También es perfectamente justo y santo. Se irrita justamente contra el pecado y los pecadores. Sin embargo, siguiendo las enseñanzas de las Escrituras, estos atributos de las normas morales no reflejan Sus sentimientos más profundos.

El texto luego hace una conexión entre la naturaleza rica en misericordia de Dios y Su gran amor: «Pero Dios, que es rico en misericordia, por su gran amor con que nos amó». Considera el comentario de Goodwin:

> Donde solo hay una mención hecha a modo de suposición, o a modo de pregunta, de si Dios se separará o rechazará a cualquiera de Su pueblo o no; encontrarás que la desecha con la más alta indignación; Su amor es así de grande [...]. Él rechaza por completo incluso la idea de que exista tal pensamiento sobre Él [...]. Está tan absorto por el amor hacia Su pueblo que no escuchará nada diferente sobre Él [...]. Sí, Su amor es tan fuerte que, si hay alguna acusación, si en algún momento el pecado o el demonio

llegan a acusar, Dios es movido a bendecir. Su amor es tan intenso, tan firme, que aprovecha esto para bendecir aún más.[3]

Cuando la Escritura habla del «gran amor con que nos amó», debemos considerar lo que Goodwin nos aclara. El amor divino no es paciencia o tolerancia. Aunque Dios tiene paciencia con nosotros, Su amor es algo más profundo, más activo. Su amor es grande porque surge aún más cuando el amado es amenazado, incluso si es amenazado como resultado de su propia locura. Entendemos esto en términos humanos; el amor de un padre terrenal incrementa cuando ve a su hijo acusado o afligido, incluso si es justamente acusado o afligido. Un afecto renovado brota en su interior.

Y ahí es donde aparece la misericordia. Él nos ama, como Goodwin dice repetidamente en uno de sus sermones sobre Efesios 2:4, con un amor «invencible».[4] A medida que el amor aumenta, la misericordia desciende hacia nosotros. Un gran amor llena Su corazón; gracia abundante fluye de Su corazón.

Quizás todo esto parezca un poco abstracto. Después de todo, la misericordia y el amor son conceptos bastante huecos. Suenan bien, pero ¿qué significan realmente en mi antipatía de los lunes, mis desánimos de los miércoles, mi soledad de los viernes por la noche y mi aburrimiento de los domingos por la mañana?

Dos pensamientos pueden ayudar; uno con respecto a la necesidad de esta rica misericordia, el otro relacionado a la encarnación de esta rica misericordia.

---

3 Goodwin, *Works*, 2:176.
4 Ibíd., 2:170-80.

Primero, consideremos la necesidad de misericordia abundante. Efesios 2:4 no es un versículo aislado, sin relación con el resto de la epístola, sino que es parte de un poderoso río que fluye a través de los seis capítulos de Efesios. Y el desgarrador tramo justo antes de llegar a las aguas tranquilas de Efesios 2:4 dice lo siguiente:

> Y él os dio vida a vosotros, cuando estabais muertos en vuestros delitos y pecados, en los cuales anduvisteis en otro tiempo, siguiendo la corriente de este mundo, conforme al príncipe de la potestad del aire, el espíritu que ahora opera en los hijos de desobediencia, entre los cuales también todos nosotros vivimos en otro tiempo en los deseos de nuestra carne, haciendo la voluntad de la carne y de los pensamientos, y éramos por naturaleza hijos de ira, lo mismo que los demás. (2:1-3)

Cristo no fue enviado para sanar a los heridos, ni despertar a los dormidos, ni aconsejar a los confundidos, ni inspirar a los aburridos, ni estimular a los perezosos, ni educar a los ignorantes, sino para resucitar a los muertos.

Considera el impacto general de estos tres versículos. Pablo no está hablando del pecado como lo hacemos a menudo: «Me equivoqué», «Cometí un error», «Estoy luchando con…». El apóstol identifica el pecado como la parte integral, envolvente e inexorable de nuestras vidas. Nuestros pecados son menos parecidos a los de un hombre sano que de vez en cuando tropieza y más parecidos a un hombre que padece enfermedades de los pies a la cabeza, si tomamos en serio el lenguaje de Efesios 2: «muertos».

Seguíamos a Satanás («al príncipe de la potestad del aire»), incluso sin ser conscientes de ello. El poder del infierno no era solo algo a lo que nos rendíamos, era algo dentro de nosotros: «El espíritu que ahora opera en los hijos de desobediencia». Éramos «por naturaleza hijos de ira». La ira divina era algo que merecíamos. No solo caíamos ocasionalmente en las pasiones de nuestra carne; «vivíamos» en esas pasiones. Era el aire que respirábamos. Lo que el agua es para los peces, la vergüenza de la lujuria era para nosotros. Inhalábamos el rechazo de Dios y exhalábamos autodestrucción y un juicio bien merecido. Debajo de nuestras sonrisas en el supermercado y los saludos alegres al cartero, reinaba el egoísmo y despojábamos nuestras almas de la belleza, la dignidad y la adoración para las cuales fueron hechas. El pecado no era algo en lo que caíamos esporádicamente, más bien definía nuestra existencia momento a momento en cada obra, palabra, pensamiento y, sí, incluso deseo: «Haciendo la voluntad de la carne y de los pensamientos». No solo vivíamos en pecado; disfrutábamos de vivir en pecado. Queríamos vivir en pecado. Era nuestro tesoro mimado, nuestro anillo de Gollum. En resumen, estábamos muertos. Completamente indefensos. Eso es lo que sanó Su misericordia.

Quizás piensas que eso realmente no te describe. Crecí en un hogar respetuoso de la ley. Nosotros asistíamos a la iglesia. Nunca me drogué ni fui arrestado. He sido decente con mis vecinos. Pero mira lo que dice Pablo: «*Todos* nosotros vivimos en otro tiempo en los deseos de nuestra carne».

Seguramente Pablo no se incluye. Él había sido fariseo, el guardián de la ley que superaba a todos los demás, un «hebreo de hebreos; en cuanto a la ley, fariseo; en cuanto a celo, perseguidor de la iglesia; en cuanto a la justicia que es en la ley, irreprensible» (Fil. 3:5-6). ¿Cómo podría incluirse entre los que se dedicaban a las pasiones de la carne? Recordemos que esta no es la única vez que se describió así. Varias veces en Hechos, así como en Filipenses 3, Pablo describe su vida anterior como «estrictamente conforme a la ley de nuestros padres» (Hech. 22:3), o «conforme a la más rigurosa secta de nuestra religión» (Hech. 26:5), incluso desde una edad temprana (Hech. 26:4). Sin embargo, como en Efesios 2, en Tito 3 nuevamente se identifica con los «insensatos, rebeldes, extraviados, esclavos de concupiscencias y deleites diversos» (Tito 3:3). Entonces, ¿cuál de estas dos versiones era?

La única forma de dar sentido a estos dos tipos de pasajes es comprender que podemos complacer nuestras pasiones carnales rompiendo todas las reglas, o podemos complacerlas manteniendo todas las reglas, pero ambas formas necesitan una resurrección. Podemos ser personas inmorales muertas, o podemos ser personas morales muertas. De cualquier manera, estamos muertos.

La misericordia de Dios se extiende y limpia, no solo a las personas obviamente malas, sino también a las personas fraudulentamente buenas, quienes igualmente necesitan recibir vida.

Dios es rico en misericordia. Él no retiene Su misericordia a algunos tipos de pecadores mientras la extiende a otros. Debido a que Él es misericordia, Su corazón derrama misericordia hacia los pecadores. Su gracia supera incluso la muerte de nuestras almas y la vana existencia en la que todos nacimos.

La misericordia de Efesios 2:4 no parece lejana y abstracta cuando sentimos el peso de nuestro pecado.

En segundo lugar, la encarnación de la misericordia.

La riqueza de la misericordia divina se vuelve real para nosotros no solo cuando vemos cuán depravados somos naturalmente, sino también cuando vemos que el río de la misericordia que fluye del corazón de Dios tomó forma de hombre. Quizás la noción de misericordia celestial parece abstracta; pero ¿y si esa misericordia se convirtiera en algo que pudiéramos ver, oír y tocar?

Eso es lo que sucedió en la encarnación. Cuando Pablo habla de la apariencia salvadora de Cristo, dice: «Porque la gracia de Dios se ha manifestado...» (Tito 2:11). La gracia y la misericordia de Dios están tan ligadas, y se manifiestan en Jesús mismo, que hablar de la manifestación de Cristo es hablar de la manifestación de la gracia. «Cristo no es más que pura gracia revestida de nuestra naturaleza», escribió Sibbes.[5]

Por lo tanto, cuando miramos el ministerio de Cristo en los cuatro Evangelios, vemos cómo se ve «rico en misericordia»: cómo habla «rico en misericordia», cómo se conduce hacia los pecadores y cómo se mueve hacia los que sufren. Jesús no solo demostró que Dios es rico en misericordia al ir a la cruz y morir en nuestro lugar para asegurar esa misericordia. Jesús también nos muestra cómo se ve y habla la riqueza de Dios en misericordia.

Para decirlo de otra manera, el amor de Dios es «invencible» (para usar la palabra de Goodwin) debido a la venida de Cristo. Más adelante, en Efesios 2, en el versículo 6, Pablo dice que estamos, ahora mismo, sentados con Cristo en el cielo. Eso significa que, si estás en Cristo, eres tan eternamente invencible como Él. Sibbes dijo: «Todo lo que Cristo ha vencido, yo he vencido. Ya nada puede lastimarme más de lo que puede lastimarlo a Él ahora en el cielo».[6] Para que Dios te despoje de la resurrección, para poner fin a Su rica misericordia, Jesucristo mismo tendría que ser arrebatado del cielo y puesto de nuevo en la tumba de José de Arimatea. Estás a salvo.

---

5 Richard Sibbes, *The Church's Riches by Christ's Poverty*, en *The Works of Richard Sibbes*, ed. A. B. Grosart, 7 vols. (Edimburgo: Banner of Truth, 1983), 4:518.

6 Sibbes, *Works*, 4:504.

Considera la riqueza de Dios en la misericordia para tu propia vida.

Él no te encuentra a mitad del camino. Su propia naturaleza es enfrentar la muerte y dar vida. Lo hizo decisivamente y de una vez por todas en tu conversión, pero continúa haciéndolo una y otra vez en tu pecado y locura. Goodwin predicó: «Después de nuestro llamado, ¡cómo provocamos a Dios! Así somos todos los cristianos [...]. Sin embargo, [somos] salvos porque el amor de Dios es invencible, supera todas las dificultades».[7]

Quizás, mirando la evidencia de tu vida, no sabes qué concluir, excepto que esta misericordia de Dios en Cristo te ha pasado de largo. Tal vez has sido maltratado profundamente, incomprendido, traicionado por la única persona en la que deberías haber podido confiar; te sientes abandonado y que se han aprovechado de ti. Quizás llevas un dolor que nunca sanará hasta que estés muerto. *Si mi vida es una evidencia de la misericordia de Dios en Cristo* —podrías pensar—, *entonces no me resulta impresionante.*

A ti te digo que la evidencia de la misericordia de Cristo hacia ti no es tu vida. La evidencia de Su misericordia hacia ti es Su vida: maltratado, incomprendido, traicionado, abandonado. Eternamente. En tu lugar.

Si Dios envió a Su propio Hijo a caminar por el valle de la condenación, el rechazo y el infierno, puedes confiar en Él mientras caminas por tus propios valles en tu camino al cielo.

Quizás tengas dificultades para recibir la rica misericordia de Dios en Cristo, no por lo que otros te han hecho, sino por lo que

---

7 Goodwin, *Works*, 2:175.

has hecho para estropear tu vida; tal vez por una gran e insensata decisión o tal vez por diez mil pequeñas malas decisiones. Has desperdiciado Su misericordia, y lo sabes.

A ti te digo, ¿sabes qué hace Jesús con los que malgastan Su misericordia? Derrama más misericordia. Dios es rico en misericordia. Eso es lo importante.

Ya sea que hayamos pecado cayendo en la miseria o que hayan pecado en contra nuestra, la Biblia dice que Dios no es tacaño en misericordia, sino generoso; no es austero, sino pródigo; no es pobre, sino rico.

Que Dios sea rico en misericordia significa que tus recovecos de más profunda vergüenza y pesar no son hoteles a través de los cuales pasa la misericordia divina, sino hogares en los que permanece.

Significa que las cosas sobre ti que te hacen estremecer más hacen que Él te abrace más fuerte.

Significa que Su misericordia no es calculadora y cautelosa, como la nuestra. Es desenfrenada, parecida a una inundación, arrasadora, magnánima.

Significa que nuestra inquietante vergüenza no es un problema para Él, sino que es en lo que más le gusta trabajar.

Significa que nuestros pecados no causan que Su amor disminuya. Nuestros pecados hacen que Su amor brote aún más.

Significa que ese día, cuando estemos frente a Él, en silencio y sin prisa, lloraremos de alivio, sorprendidos de la empobrecida visión que teníamos sobre Su corazón rico en misericordia.

20

Nuestros corazones legalistas, Su corazón pródigo

… [El] Hijo de Dios, el cual me amó…

GÁLATAS 2:20

EXISTEN DOS FORMAS DE vivir la vida cristiana. Puedes vivirla *para* el corazón de Cristo o *desde* el corazón de Cristo. Puedes vivir para la sonrisa de Dios o desde ella. Para tener una nueva identidad como hijo o hija de Dios o partiendo de esa identidad. Para tener unión con Cristo o debido a ella.

La batalla de la vida cristiana consiste en alinear tu propio corazón con el de Cristo; es decir, levantarte cada mañana y reemplazar tu mentalidad natural con una mentalidad de adopción plena y libertad en la familia de Dios a través de la obra de Cristo, tu Hermano mayor, quien te amó y se entregó por ti.

Imagina a un niño de doce años que crece en una familia sana y amorosa. A medida que madura, trata de descubrir cómo asegurarse un lugar en la familia, aunque sus padres no han hecho nada que suscite esta inseguridad.

Una semana, intenta crearse un nuevo certificado de nacimiento. Otra, decide pasar todo su tiempo extra limpiando la cocina. La semana siguiente decide hacer todo lo posible para imitar a su padre. Un día sus padres cuestionan su extraño comportamiento. «¡Estoy haciendo todo lo posible para asegurar mi lugar en la familia!». ¿Cómo respondería su padre? «¡Calma, querido hijo! No hay nada que puedas hacer para ganar tu lugar entre nosotros. Tú eres nuestro hijo. Punto. No hiciste nada para ingresar a nuestra familia, y ahora no hay nada que puedas hacer que te haga salir de ella. Vive sabiendo que tu condición de hijo está asegurada».

El propósito de este capítulo, al reflexionar sobre el libro de Gálatas, es llevar el corazón de Cristo a nuestra tendencia crónica de funcionar a partir de una sutil creencia de que nuestra obediencia fortalece el amor de Dios. Actuamos como ese niño de doce años. Y nuestro Padre responde con amor correctivo.

———

Gálatas enseña que estamos bien con Dios debido a lo que Cristo ha hecho y no a lo que nosotros hacemos. Tratar de ayudar al evangelio, por lo tanto, es perder el evangelio. Pero el propósito principal de la carta no se trata de aprender eso por primera vez en la conversión, sino de cuán fácilmente nos olvidamos de esto como creyentes. Pablo pregunta con asombro: «¿Habiendo comenzado por el Espíritu, ahora vais a acabar por la carne?» (Gál. 3:3). El mensaje principal de Gálatas es que la libertad de la gracia y el amor de Dios no es solo la puerta de entrada sino también el camino de la vida cristiana.[1]

---

1 Lutero es claro al respecto en su famoso comentario sobre Gálatas. Martín Lutero, *Galatians, Crossway Classic Commentaries*, ed. A. McGrath y J. I. Packer (Wheaton, IL: Crossway, 1998).

En el desarrollo de la carta, Pablo explica la doctrina de la justificación por la fe para ayudar a los gálatas a llevar vidas cristianas saludables. La justificación representa el lado objetivo de nuestra salvación. Pero Pablo también habla del lado subjetivo de la salvación, el amor de Cristo, como cuando habla del «Hijo de Dios, el cual me amó y se entregó a sí mismo por mí» (2:20). Una vida cristiana saludable se construye tanto en el lado objetivo como en el subjetivo del evangelio: la justificación que fluye de la obra de Cristo y el amor que fluye del corazón de Cristo.

Pero los dos están relacionados. En marzo de 1767, el pastor y escritor de himnos John Newton escribió una carta a un amigo y dijo:

> ¿No te sorprende tener una esperanza de que, tan pobre y necesitado como eres, el Señor piensa en ti? Pero no dejes que tus sentimientos te desanimen. Porque si nuestro Médico es todopoderoso, nuestra enfermedad no puede ser incurable, y si no desecha a ninguno que venga a Él, ¿por qué deberías temer? Nuestros pecados son muchos, pero Sus misericordias son más; nuestros pecados son grandes, pero Su justicia es mayor; somos débiles, pero Él es poderoso. La mayoría de nuestras quejas se deben a la incredulidad y a los vestigios de un espíritu legalista.[2]

Considera la frase que Newton utiliza: «Tan pobre y necesitado como eres, el Señor piensa en ti», y el hecho de que (aludiendo a Juan 6:37, que estudiamos en el capítulo 6) «no desecha a ninguno que venga a Él». Newton llega aquí al corazón de Cristo. Observa lo que él identifica como la fuente principal de nuestra resistencia a estas garantías: «Un espíritu legalista». Esa es una

---

2   John Newton, *Cardiphonia*, en *The Works of John Newton*, 2 vols. (Nueva York: Robert Carter, 1847), 1:343.

forma que se utilizaba en el siglo XVIII para referirse a las obras de justicia, el intento sutil de ganarnos el favor de Cristo con nuestro comportamiento.

Newton nos ayuda a ver que una razón por la que tenemos una conciencia disminuida del corazón de Cristo es que operamos con un espíritu legalista. No nos percatamos de qué tan natural es para nosotros operar con obras de justicia. Pero esto merma nuestro sentido del corazón de Cristo por nosotros porque este espíritu legalista filtra nuestra comprensión de Su corazón de acuerdo con la forma en que nos desempeñamos espiritualmente. Piensa en un conducto de calefacción en tu habitación que esté conectado a tu caldera. Si mantienes ese conducto cerrado en un día frío de invierno, el calor circulará por los otros conductos de tu hogar, pero ese calor no llegará a ti porque el conducto está cerrando. Abrir el conducto hará que el calor llegue hasta tu habitación. El calor ya estaba allí, esperando que disfrutaras de él, pero no estabas recibiendo su beneficio.

Gálatas existe para abrir los conductos de nuestros corazones a la gracia de Dios.

————

¿Pero no es esto algo muy básico? ¿No lo sabemos ya los cristianos?

Sí y no. En Gálatas 3:10, Pablo enseña algo sorprendente que es fácil de pasar por alto. Nuestro texto en español nos dice que «todos los que dependen de las obras de la ley están bajo maldición». El pasaje continúa explicando que esto se debe a que, si vamos a tratar de justificarnos de acuerdo a nuestro desempeño, tendríamos que ser perfectos. Una vez que adoptamos el enfoque de la ley para la salvación, el más mínimo fracaso estropea todo el proyecto.

Consideremos lo que Pablo quiere transmitir cuando dice que «todos los que dependen de las obras de la ley están bajo maldición» (3:10). El texto literalmente dice: «Todos los que son de las obras de la ley están bajo maldición». «Depender de» nuestras obras es una buena representación, pero considera lo que es *ser* de las obras (Pablo usa la misma frase en Romanos 9:32 cuando señala que Israel iba tras la ley «como por obras de la ley»). Pablo no dice que quienes *hacen* obras están bajo maldición. Él dice que aquellos que son de las obras están bajo maldición. Indudablemente, hay una superposición aquí, y el hacer está incluido hasta cierto punto. Pero él habla de *ser de las obras*.

Pablo está exponiendo quiénes somos en nuestro interior. No se trata de nuestra postura doctrinal, sino de lo que somos. Ser de las obras no es fallar por poco. Es marchar en la dirección equivocada. Es tener un espíritu legalista.

A medida que el evangelio penetra en nuestros corazones y nos adentramos cada vez más en el corazón de Cristo, una de las primeras capas exteriores de nuestra antigua vida que el evangelio atraviesa es el *hacer* obras para obtener Su aprobación. Pero hay otro nivel más profundo, un instinto que también es necesario deconstruir y eliminar. Podemos pasar todo el día anunciando la inutilidad de hacer obras para agradar a Dios desde un corazón «de las obras». Nuestra naturaleza de obras refleja no solo una resistencia a la doctrina de la justificación por la fe, sino también, incluso de manera más profunda, una resistencia al corazón de Cristo.

———

Existe toda una subestructura psicológica que, debido a la caída, es una fábrica constante de egoísmo relacional, temor, nerviosismo, envidia y control neurótico; esto no se refleja tan solo en lo que decimos o pensamos, sino que es lo que transpiramos momento a momento. Puedes olerlo en las personas, aunque algunos de nosotros somos buenos para ocultarlo. Y si trazas esto en todas sus diversas manifestaciones hasta la raíz, no encontrarás dificultades en la infancia, un diagnóstico de Myers-Briggs o impulsos freudianos. Encontrarás un déficit del evangelio, falta de conciencia del corazón de Cristo. Toda la preocupación, la disfunción y el resentimiento son el fruto natural de vivir en un universo mental basado en la ley. Percibir el amor de Cristo es lo que trae descanso, integridad y *shalom*: esa calma existencial que por breves momentos sanos se apodera de ti y te permite salir de la tormenta de las obras. Contemplas por un momento que en Cristo eres realmente invencible. Nada puede tocarte, Él te ha hecho suyo y nunca te echará fuera.

La ley hace que vivamos con una resistencia subconsciente al corazón de Cristo, la cual todos tendemos a pensar que estamos evitando con éxito (¡esos gálatas insensatos!), pero está profundamente arraigada en nosotros, es sutil y dominante. Es más penetrante de lo que indican los momentos ocasionales de las obras de justicia conscientes. Esos momentos de consciencia son en verdad regalos de gracia y no deben ser ignorados. Pero son solo la punta visible de un iceberg invisible. Son síntomas superficiales. La dependencia de la ley es indetectable porque es algo natural para nosotros. Se siente como algo normal. «Ser de las obras», para las personas caídas, es lo que el agua es para un pez.

¿Y qué dice el evangelio? Pone las siguientes palabras en nuestra boca: «[El] Hijo de Dios, el cual me amó y se entregó a sí mismo por mí». Su corazón por nosotros no podía quedarse quieto en el cielo. Nuestros pecados oscurecen nuestros sentimientos de Su bondadoso corazón, pero Su corazón no puede ser debilitado por los pecados de Su pueblo más de lo que la existencia del sol puede verse amenazada por el paso de algunas tenues nubes o incluso una tormenta eléctrica prolongada. El sol sigue brillando. No puede parar. Con nubes o sin nubes, con pecado o sin pecado, el tierno corazón del Hijo de Dios está brillando sobre mí. Es un afecto imperturbable.

Y lo que enseña el Nuevo Testamento es que el sol del corazón de Cristo, no las nubes de mis pecados, es lo que ahora me define. Cuando estamos unidos a Cristo, el castigo de Cristo en la cruz se convierte en mi castigo. En otras palabras, el juicio del día final que espera a todos los humanos ya ha tenido lugar para aquellos que están en Cristo. Nosotros, los que estamos en Cristo, ya no buscamos el juicio en nuestro futuro, sino en el pasado; en la cruz, se llevó a cabo nuestro castigo, todos nuestros pecados fueron castigados en Jesús. Por lo tanto, tu ser restaurado y amado supera, sobrepasa y engulle al no restaurado. No al revés.

La vida cristiana es simplemente el proceso de orientar mi sentido de identidad, mi ego, mi mundo interno vertiginoso y lleno de pánico que surge del déficit del evangelio, a la verdad más fundamental. El evangelio es la invitación a permitir que el corazón de Cristo nos colme de alegría, porque ya hemos sido encontrados, rescatados e incluidos. Podemos someter nuestro comportamiento, que sube y baja, a la estabilidad y seguridad de lo que Jesús siente por nosotros.

Somos pecadores. Pecamos no solo en el pasado, sino también en el presente, y no solo por nuestra desobediencia, sino también por nuestra obediencia a las obras. Somos neciamente resistentes a dejar que Cristo nos ame. Pero como dijo Flavel: «¿Por qué deberías ser enemigo de tu propia paz? ¿Por qué pasar por alto las evidencias del amor de Dios hacia tu alma [...]? ¿Por qué evades y rechazas el consuelo que te otorgan?».[3]

En el evangelio, somos libres de recibir el consuelo que se nos ofrece. No lo rechaces. Abre el conducto de tu corazón al amor de Cristo, que te amó y se entregó por ti.

Nuestros corazones legalistas se relajan cuando Su pródigo corazón nos regresa a casa.

3 John Flavel, *Keeping the Heart: How to Maintain Your Love for God*, (Fearn, Escocia: Christian Focus, 2012), 94.

21

Nos amó entonces,
nos amará ahora

Mas Dios muestra su amor para con nosotros…

ROMANOS 5:8

UNA COSA ES CREER que Dios ha olvidado y perdonado todos los viejos fracasos que ocurrieron antes de nuestro nuevo nacimiento. Esa es una maravilla de la indescriptible y abundante misericordia de Dios; pero esos eran, después de todo, pecados cometidos mientras aún estábamos en la oscuridad. No habíamos sido hechos nuevas criaturas, no estábamos facultados para caminar en la luz y honrar al Señor con nuestras vidas.

Una cosa distinta es creer que Dios continúa, con la misma libertad, desechando nuestros fracasos que ocurren después del nuevo nacimiento.

Quizás, como creyentes, sabemos que Dios nos ama. Realmente lo creemos. Pero si tuviéramos que examinar más de cerca cómo nos relacionamos realmente con el Padre momento a momento (nuestra teología, lo que teóricamente creemos), nos percataríamos de que muchos de nosotros tendemos a creer que es un amor mezclado con decepción. Él nos ama; pero es un amor cauteloso. Lo vemos mirándonos con afecto paternal, pero con las cejas ligeramente arqueadas y diciendo: «¿Por qué fracasan después de todo lo que he hecho por ustedes?». Ahora estamos pecando «contra la luz», como dirían los puritanos; sabemos la verdad, y nuestros corazones se han transformado fundamentalmente, y aun así caemos. Nuestra alma sigue con los hombros caídos ante la presencia de Dios. Una vez más, es el resultado de proyectar nuestra visión limitada del amor divino. No conocemos Su verdadero corazón.

Por esta razón Romanos 5:6-11 está en la Biblia:

> Porque Cristo, cuando aún éramos débiles, a su tiempo murió por los impíos. Ciertamente, apenas morirá alguno por un justo; con todo, pudiera ser que alguno osara morir por el bueno. Mas Dios muestra su amor para con nosotros, en que siendo aún pecadores, Cristo murió por nosotros. Pues mucho más, estando ya justificados en su sangre, por él seremos salvos de la ira. Porque si siendo enemigos, fuimos reconciliados con Dios por la muerte de su Hijo, mucho más, estando reconciliados, seremos salvos por su vida. Y no sólo esto, sino que también nos gloriamos en Dios por el Señor nuestro Jesucristo, por quien hemos recibido ahora la reconciliación.

———

Una conciencia cristiana es una conciencia sensibilizada. Ahora que conocemos a Dios como Padre, ahora que nuestros ojos se han abierto a nuestra rebelión y traición contra nuestro Creador, sentimos más profundamente que nunca la deformidad del pecado. El fracaso hace que el alma sienta vergüenza como nunca antes. Y así, después de un párrafo regocijándose en las bendiciones de la bondadosa redención divina de los pecadores (Rom. 5:1-5), Pablo hace una pausa para convencernos de cómo podemos estar seguros de la presencia y el favor de Dios de aquí en adelante (5:6-11).

Hasta tres veces, en este segundo párrafo de Romanos 5, Pablo dice casi lo mismo:

> Porque Cristo, cuando aún éramos débiles, a su tiempo murió por los impíos. (5:6)
> Siendo aún pecadores, Cristo murió por nosotros. (5:8)
> Porque si siendo enemigos, fuimos reconciliados con Dios por la muerte de su Hijo... (5:10)

Para decir la misma verdad al revés: Jesús no murió por nosotros una vez que nos hicimos fuertes (5:6); no murió por nosotros una vez que comenzamos a vencer nuestro pecado (5:8); Dios no nos reconcilió consigo mismo una vez que nos hicimos Sus amigos (5:10). Dios no nos encontró a mitad de camino. Se negó a contenerse, a ser cauteloso y considerar nuestro valor. Así no es Su corazón. Él y Su hijo tomaron la iniciativa. Vinieron a nosotros con los términos de la gracia y solo de la gracia, desafiando lo que merecíamos. Cuando nosotros, a pesar de nuestras sonrisas y cortesía, huíamos de Dios tan rápido como podíamos, construyendo nuestros propios dominios, amando nuestra propia gloria, disfrutando los placeres fraudulentos del mundo, rechazando la belleza del Señor y cerrando nuestros oídos a Sus llamados de volver a casa, entonces, en el horror de esa repugnante existencia, el Príncipe del cielo se despidió de Sus adorados ángeles. Fue entonces cuando se puso en las manos asesinas de estos mismos rebeldes en una estrategia divina planificada desde la eternidad para limpiar a los pecadores a pesar de su retorcido intento de liberarse y limpiarse por sí mismos. Cristo descendió a la muerte («resistencia voluntaria de angustia indecible»[1], como describe Warfield), mientras nosotros aplaudíamos. No podría habernos importado menos. Éramos débiles. Pecadores. Enemigos.

Recién cuando el Espíritu Santo inundó nuestros corazones, el entendimiento nos invadió: sufrió *mi* muerte. No solo murió, fue condenado. Él no dejó simplemente el cielo por mí, soportó el infierno por mí. Él, que no merecía ser condenado, sufrió en mi lugar. *Ese* es Su corazón. Y en nuestras almas vacías, como un vaso de agua fría en una boca sedienta, Dios derramó Su Espíritu Santo para que podamos percibir la experiencia real del amor de Dios (v. 5).

¿Cuál fue el propósito de esta misión de rescate celestial? «Mas Dios muestra su amor para con nosotros...» (v. 8). La palabra griega para «muestra» significa encomendar demostrablemente, resistir, poner a la vista, establecer más allá del cuestionamiento. En la muerte de Cristo, Dios está confrontando nuestros pensamientos oscuros sobre Él y nuestra insistencia de que el amor divino debe tener un punto final, un límite. Cristo murió para sacudir nuestras suposiciones intuitivas de que el amor divino tiene una fecha de caducidad. Murió para demostrar que el amor del Señor es, como dijo Jonathan Edwards, «un océano sin orillas ni fondo».[2] El amor de Dios es tan ilimitado como Él mismo. Por esta razón el apóstol Pablo habla del amor divino como una realidad que se extiende en una anchura, longitud, profundidad y altura inconmensurable (Ef. 3:18); la única cosa en el universo

---

1 B. B. Warfield, *The Person and Work of Christ*, (Oxford, UK: Benediction Classics, 2015), 134.

2 Jonathan Edwards, «That God Is the Father of Lights», en *The Blessing of God: Previously Unpublished Sermons of Jonathan Edwards*, ed. Michael McMullen (Nashville, TN: Broadman, 2003), 350.

tan insondable como el amor divino es Dios mismo. El amor de Dios es tan grande como Él mismo.

Para que Dios deje de amar a los Suyos, necesitaría dejar de existir, porque Dios no solo tiene amor; Él es amor (1 Jn. 4:16). En la muerte de Cristo por los pecadores, el Padre tiene la intención de poner Su amor por nosotros fuera de toda duda.

Esta es la mejor noticia en la historia del mundo. Pero incluso este no es el enfoque principal de Pablo en los versículos 6 al 11. Él busca algo más.

¿Cuál es el punto al que Pablo nos conduce en Romanos 5:6-11? No es principalmente a la obra pasada de Dios. El enfoque principal de Pablo es nuestra seguridad actual, dada esa obra del pasado. Él plantea la obra de Cristo en el pasado para conducirte a este punto: si Dios hizo eso en aquel entonces, cuando estabas perdido y no tenías ningún interés en Él, ¿qué te preocupa ahora? El propósito principal de los versículos 6 al 11 se observa en el «pues» del versículo 9 (considera la forma en que todo el párrafo gira alrededor de este punto): «Pues mucho más, estando ya justificados en su sangre», y ahora leemos el enfoque principal de Pablo: «Por él seremos salvos de la ira». El versículo 10 lleva el punto aún más lejos: «Porque si siendo enemigos, fuimos reconciliados con Dios por la muerte de su Hijo», y aquí está el punto nuevamente, «mucho más, estando reconciliados, seremos salvos por su vida».

El lenguaje de ser «salvo» en los versículos 9 y 10 contempla la salvación final, refiriéndose no al momento de la conversión en esta vida, sino a la entrada en la presencia de Dios en la próxima. Pablo enseña que es imposible ser verdaderamente justificado en la conversión sin que el cuidado de Dios nos conduzca hasta el cielo. La conversión no es un nuevo comienzo. La conversión, la auténtica regeneración, es la invencibilidad de nuestro futuro. Éramos enemigos cuando Dios vino a nosotros y nos justificó; ¿cuánto más se preocupará Dios por nosotros ahora que somos amigos, de hecho, hijos? Como dijo John Flavel: «Así como Dios no te eligió al principio porque eras sabio ahora no te abandonará porque eres necio».[3]

Con qué facilidad los que nos hemos unido a Cristo nos preguntamos qué piensa Dios de nosotros en nuestros fracasos ahora. La lógica de Romanos 5 es: a través de Su Hijo se acercó a nosotros cuando lo odiábamos, ¿se mantendrá distante ahora que esperamos poder complacerlo?

Él sufrió por nosotros cuando fracasábamos como huérfanos, ¿nos dará la espalda cuando fallamos ahora que somos Sus hijos adoptivos?

Su corazón era manso y humilde hacia nosotros cuando estábamos perdidos, ¿será Su corazón algo diferente hacia nosotros ahora que nos encontró?

Cuando aún éramos... Él nos amó en nuestro desastre entonces. Nos amará también en nuestro desorden ahora. Nuestra propia agonía al pecar es el fruto de nuestra adopción. Un corazón frío no se molestaría. No somos los mismos de antes.

Cuando peques, arrepiéntete por completo. Vuelve a odiar el pecado. Conságrate de nuevo al Espíritu Santo y Sus caminos puros. Pero rechaza el susurro del diablo de que el corazón tierno de Dios por ti se ha vuelto un poco más frío, un poco más rígido.

---

3 John Flavel, *Keeping the Heart: How to Maintain Your Love for God*, (Fearn, Escocia: Christian Focus, 2012), 43.

Él no se inquieta por tu pecaminosidad, sino que Su mayor decepción son tus tibios pensamientos sobre Su corazón. Cristo murió para mostrarte el amor de Dios.

Si estás en Cristo —y solo un alma en Cristo se inquietaría por ofenderlo—, tu fracaso no amenaza tu lugar en el amor de Dios, así como la historia misma no puede reescribirse. La parte más difícil se logró. Dios ya hizo todo lo necesario para asegurar tu felicidad eterna, y lo hizo mientras eras huérfano. Ahora nada puede hacerte perder tu condición de hijo. Ni siquiera tú mismo. Los que están en Cristo están eternamente capturados dentro del tierno corazón de Dios. Seremos menos pecaminosos en la próxima vida de lo que somos ahora, pero no estaremos más seguros en la próxima vida de lo que estamos ahora. Si estás unido a Cristo, el cielo está asegurado. Como declaró Spurgeon:

> Cristo te amó antes de la fundación del mundo; mucho antes de que la estrella del día arrojara su rayo a través de la oscuridad, antes de que el ala del ángel batiera el aire nunca explorado, antes de que la creación se abriera paso desde la nada, Dios, incluso nuestro Dios, había puesto Su corazón sobre todos Sus hijos.
>
> Desde entonces, ¿se ha desviado alguna vez, ha cambiado? No; ustedes que han probado Su amor y conocen Su gracia, darán testimonio de que ha sido un Amigo infalible en circunstancias inciertas [...].
>
> A menudo lo has dejado, pero ¿te ha dejado Él alguna vez? Has tenido muchas pruebas y problemas, pero ¿alguna vez te ha abandonado? ¿Alguna vez ha retenido Su corazón y ha cerrado Sus entrañas de compasión? No, hijos de Dios, es su deber solemne responder «no» y dar testimonio de Su fidelidad.[4]

---

4 Charles Spurgeon, «A Faithful Friend» en *Sermons of C. H. Spurgeon* (Nueva York: Sheldon, Blakeman, 1857), 13-14.

22

Hasta el fin

... como había amado a los suyos que estaban en el mundo,
los amó hasta el fin.

JUAN 13:1

BUNYAN ESCRIBIÓ: «EL AMOR en Cristo no se acaba, ni puede ser tentado a hacerlo por nada que suceda, o que sucederá más adelante con el objeto de Su amor».[1] Lo que estamos considerando en estos últimos capítulos es que del corazón de Cristo hacia los pecadores y los que sufren no brota ternura de vez en cuando o de forma temporal. La mansedumbre y la humildad de corazón de Cristo son constantes y eternas cuando toda la hermosura en nosotros se ha marchitado.

¿Cómo lo sabemos?

Lo dice Juan 13:1, que narra lo mismo que los últimos capítulos de los cuatro relatos del Evangelio: Jesús llegó al acantilado de la cruz y no retrocedió, sino que se dejó caer.

Proporcionalmente, el Evangelio de Juan dedica más espacio a la última semana de la vida de Jesús que cualquier otro Evangelio.

---

1   John Bunyan, *The Saints' Knowledge of the Love of Christ*, en *The Works of John Bunyan*, ed. G. Offor, 3 vols. (reimp., Edimburgo: Banner of Truth, 1991), 2:17.

Y es el primer versículo del capítulo 13 que inicia esta sección final extendida. La declaración de Juan de que Jesús ama a los Suyos hasta el fin comienza la narrativa de Su pasión, y el juicio y la crucifixión de Cristo son la demostración histórica de lo que se resume en pocas palabras en Juan 13:1. El enfoque de Juan 13:1 es que, al ir a la cruz, Jesús no retuvo algo para sí mismo, como lo hacemos cuando buscamos amar a los demás con sacrificio. Él no ama como nosotros.

Amamos hasta que nos traicionan. Jesús continuó a la cruz a pesar de la traición. Amamos hasta que nos abandonan. Jesús amó a través del abandono.

Amamos hasta un límite. Jesús ama hasta el fin.

———

¿Qué transmite Juan 13:1 a los pecadores y a los que sufren con esa pequeña frase: «hasta el fin»? Es algo similar a la primera mitad de Romanos 5, que consideramos en el capítulo anterior. Allí el enfoque es más objetivo, ya que Pablo desarrolla su doctrina de la justificación desde Romanos 3 hasta el final de Romanos 5. Aquí, en el Evangelio de Juan, encontramos una tranquilidad similar, pero es más subjetiva y se centra en el amor de Jesús. Romanos 5 nos dice que abandonarnos sería una violación de la justicia de Dios. Juan 13 afirma que abandonarnos sería una violación del corazón de Cristo. Leemos:

> Antes de la fiesta de la pascua, sabiendo Jesús que su hora había llegado para que pasase de este mundo al Padre, como había amado a los suyos que estaban en el mundo, los amó hasta el fin. (Juan 13:1)

Jesús sabe que este es el principio del fin para Él. Está entrando al capítulo final y al valle más profundo de Su ministerio terrenal. Sabía «que su hora había llegado para que pasase de este mundo al Padre». Luego, Juan hace una pausa en un momento de reflexión y mira atrás sobre el ministerio de Jesús y avanza hacia la última semana. Mirando atrás, Juan dice que Jesús «había amado a los suyos que estaban en el mundo». Mirando hacia adelante, «los amó hasta el fin».

Su ministerio hasta este punto ha sido completamente extenuante: ha padecido cansancio y hambre, ha sufrido maltrato por Sus amigos y familiares y fue acorralado y acusado por la élite religiosa. Pero ¿qué es todo esto en comparación con lo que ahora le espera? ¿Qué es una llovizna en comparación con una tormenta? ¿Qué es un insulto cuando te diriges a la guillotina?

Consideremos lo que era inminente. Jesús había hecho la voluntad de Su Padre de manera inquebrantable, y a través de todo ello, sabía que tenía Su placer y favor, ya que había sido pronunciado sobre Él (Mat. 3:17; 17:5). Pero ahora Su peor pesadilla estaba a punto de invadirlo. El infierno mismo —no metafóricamente, sino en verdad, el horror de la condenación, la oscuridad y la muerte— estaba abriendo sus fauces.

¿Qué pasó en la cruz para aquellos que afirmamos ser sus beneficiarios?

Está más allá de lo que podemos comprender, por supuesto. Un niño de tres años no puede comprender el dolor que siente un cónyuge cuando es traicionado. ¿Cuánto menos podríamos comprender lo que significa para Dios canalizar el juicio por toda la pecaminosidad de Su pueblo en un solo hombre? Pero reflexionar sobre lo que sentimos, por ejemplo, contra el autor de algún acto de abuso impensable hacia una víctima inocente, nos da una idea de lo que Dios sintió hacia Cristo cuando Él, el último Adán, tomó los pecados del pueblo de Dios. La justa ira humana que sentimos, la ira que estaríamos mal en no sentir, es una gota en el océano de la justa ira divina que el Padre desató.

Después de todo, Dios castigó a Jesús no por el pecado de una sola persona, sino por el de muchas. ¿Qué quiere decir Isaías cuando dice que «Jehová cargó en él el pecado *de todos nosotros*»? (Isa. 53:6). ¿Qué significó para Cristo tomar toda la inmundicia acumulada, el egoísmo y el odio natural que los elegidos tenían hacia Dios? ¿Qué habrá sentido cuando la suma total de la justa ira divina generada no solo por el pecado de un hombre sino por «el pecado de todos nosotros» cayó sobre Su alma?

Es una especulación, pero no creo que haya sido el sufrimiento físico lo que mató a Cristo. ¿Qué es la tortura física en comparación con el peso total de siglos de ira acumulada? ¿Esa montaña de horrores acumulados? ¿Cómo retuvo Jesús incluso la cordura psicológica al absorber el castigo total de cada pensamiento y acto lujurioso proveniente del corazón del pueblo de Dios (solo por mencionar un pecado)? Quizás fue la desolación lo que finalmente lo llevó a la muerte. Si sudó sangre al *pensar* en el abandono de Dios (Luc. 22:44), ¿cómo habrá sido vivirlo? ¿No habrá sido la pérdida del amor de Dios en Su corazón, y no la falta de suministro de oxígeno en Sus pulmones, lo que lo mató? ¿Quién podría mantener la estabilidad mental al sufrir lo que el pueblo de Dios merecía? Warfield escribió: «En presencia de esta angustia mental, las torturas físicas de la crucifixión pasan a un segundo plano, y bien podemos creer que nuestro Señor, aunque murió en la cruz, no murió por la cruz, sino, como comúnmente decimos, por un corazón roto».[2] Fue el sufrimiento del corazón de Cristo lo que abrumó aquella estructura física.

---

2   B. B. Warfield, *The Person and Work of Christ*, (Oxford, UK: Benediction Classics, 2015), 133.

El erudito del Nuevo Testamento, Richard Bauckham, señala que si bien el Salmo 22:1 («Dios mío, Dios mío, ¿por qué me has desamparado?») se escribió originalmente en hebreo, Jesús lo pronunció en arameo y, por lo tanto, se lo estaba apropiando de forma personal.[3] Jesús no estaba simplemente repitiendo la experiencia que David tuvo mil años antes, como una conveniente expresión paralela. Más bien, el grito de angustia del Salmo 22:1 a través de los milenios fue retomado, cumplido y profundizado en Jesús. El Suyo era el verdadero Salmo 22:1, mientras que nuestros gritos de angustia son solo sombras del Suyo. Como pueblo de Dios, todos nuestros *sentimientos* de abandono se canalizaron a través de un corazón humano real en un solo momento de horror en el Calvario, un abandono real.

¿Quién podría soportarlo? ¿Quién no gritaría y sucumbiría?

La comunión con Dios había sido el oxígeno, el alimento y la bebida a lo largo de toda Su vida, sin un solo momento de interrupción por el pecado, y ahora debía soportar de repente el peso indescriptible de todos nuestros pecados. ¿Quién podría sobrevivir a eso? Perder esa comunión *equivalía* a la muerte. El gran amor en el corazón del universo estaba siendo rasgado en dos. La luz del mundo se estaba apagando.[4]

---

3 Richard Bauckham, *Jesus and the God of Israel: God Crucified and Other Studies on the New Testament's Christology of Divine Identity*, (Grand Rapids, MI: Eerdmans, 2008), 255-56.

4 Esto no quiere decir que el Hijo perdió absolutamente el amor de Su Padre; la Trinidad no puede romperse en ese sentido. Y aunque son tres personas, sigue siendo un Dios, por lo que debemos tener cuidado al hablar sobre las relaciones entre el Padre y el Hijo. En cambio, es para decir que la experiencia del Hijo como un ser humano real, y que representa a todos los elegidos, fue perder el sentido del amor de Dios y un canal abierto de comunión con el Padre. Sobre esto, ver especialmente Francis Turretin, *Institutes of Elenctic Theology*, 3 vols., trad. G. M. Giger, ed. JT Dennison (Phillipsburg, NJ: P&R, 1997), cuyo decimocuarto capítulo (en el vol. 2) es «El oficio mediador de Cristo», en el que Turretin explica la cruz como la pérdida de la experiencia del amor del Padre,

Y al desahogar esa ira justa, Dios no estaba golpeando un árbol moralmente neutral. Estaba hiriendo al Amoroso. La Belleza y la Bondad estaban siendo convertidas en desfiguración y vileza. «Azotado [...] herido de Dios y abatido» (Isa. 53:4).

Hizo esto para que los feos e impíos pudiéramos recibir belleza, perdón y paz. Nuestro cielo a través de Su infierno. Nuestra entrada en el amor a través de Su pérdida.

Esto era lo que significaba amar hasta el fin. Pasar por el horror de la cruz y beber el torrente de inmundicia, los siglos de pecado; recibir todo lo que es repugnante incluso a nuestros ojos.

Pero ¿por qué aceptó pasar por eso? ¿Por qué sufrió el horror de la condenación infernal cuando era la única Persona que no lo merecía?

El texto nos dice. «Como había *amado* a los suyos [...], los amó hasta el fin». Bunyan nos explica cómo funciona este amor:

Es común que quienes estén en condiciones similares amen y que quienes estén en condiciones superiores sean amados; pero que el Rey de los príncipes, que el Hijo de Dios, que Jesucristo, ame al hombre así, es asombroso; y tanto más, que ese hombre, el objeto de Su amor, sea tan bajo, tan malo, tan vil, tan indigno y tan despreciable, como lo enseñan las Escrituras.

Se lo llama Dios, el Rey de la gloria. Pero a las personas a quienes Él ama se las llama transgresores, pecadores, enemigos, polvo y cenizas, pulgas, gusanos, sombras, vapores, viles, sucios,

---

pero no la pérdida absoluta del amor del Padre. Siguiendo de cerca el lenguaje de las narraciones de la pasión, el abandono en la cruz debe entenderse principalmente como un abandono de Jesús (que representa a la humanidad pecadora) por parte de Dios, no principalmente del Hijo divino por el Padre.

pecaminosos, impuros, impíos, locos. Y nos causa asombro y decimos: ¿Sobre él fijas tu mirada? Pero ¿cuánto más asombro cuando observamos que pone Su *corazón* sobre nosotros?

El amor en Él es esencial para Su ser. Dios es amor; Cristo es Dios; por eso Cristo es amor, *amor por naturaleza.* Dejaría de ser si dejara de amar [...].

El amor de Cristo no requiere que el objeto de Su amor sea atractivo. Puede actuar por sí mismo, sin depender de nada. El Señor Jesús determina amarlos en Su corazón.[5]

Observa la forma en que Bunyan habla del amor de Cristo como una cuestión de poner Su corazón sobre nosotros. Cuando el apóstol nos dice que Jesús amó a los Suyos hasta el fin, Juan está retirando el velo para permitirnos mirar en las profundidades de quién es Jesús. Su corazón no es como una flecha, disparada rápidamente y que pronto cae al suelo; o un corredor, que sale rápidamente del punto de partida y pronto se detiene y vacila. Su corazón es una avalancha que cobra impulso con el tiempo; un incendio forestal, que crece en intensidad a medida que se extiende.

Pero Cristo no es así indiscriminadamente. El texto dice que ama «a los suyos» hasta el fin. «Los suyos» es una frase utilizada en Juan para referirse a los verdaderos discípulos de Cristo, los hijos de Dios. En Juan 10, por ejemplo, Jesús habla de Sus seguidores como Sus ovejas y dice que «a *sus* ovejas llama por nombre» (v. 3). Para aquellos que no son Suyos, Jesús es un juez, uno cuya ira no puede ser apaciguada; la Biblia enseña que Él algún día será revelado «el Señor Jesús desde el cielo con los ángeles de su poder, en llama de fuego, para dar retribución a los que no conocieron a Dios, ni obedecen al evangelio de nuestro Señor Jesucristo»

5 Bunyan, *Works*, 2:16–17.

(2 Tes. 1:7-8). Ese pasaje continúa diciendo que aquellos que no pertenecen a Cristo «sufrirán pena de eterna perdición» (1:9).

Pero Jesús soportó ese castigo por los Suyos. Los amó con todo Su corazón. Le pertenecen. Owen escribió: «Cristo estima más que al mundo entero al creyente más malo, al más débil y al más pobre de la tierra».[6]

Cristo amó a los Suyos hasta la muerte misma. ¿Qué debe significar eso para ti? Significa, primero, que tu futuro está asegurado. Si eres Suyo, el cielo y el consuelo llegarán a ti porque no puedes ser arrebatado de Sus manos. Él mismo te hizo Suyo, y no puedes escapar de Su alcance.

Y significa, en segundo lugar, que te amará hasta el fin. No solo tu futuro es seguro gracias a Su muerte; tu presente está también asegurado gracias a Su corazón. Él te amará hasta el fin porque no puede soportar hacer lo contrario. No existe una estrategia de salida. No hay un acuerdo prenupcial. Te amará hasta el fin: «Hasta el final de tu vida, hasta el final de tus pecados, hasta el final de tus tentaciones, hasta el final de tus miedos».[7]

---

6 John Owen, *Communion with God*, (Fearn, Escocia: Christian Heritage, 2012), 218.
7 John Bunyan, *The Work of Jesus Christ as an Advocate*, en *Works* [Obras], 1:201.

23

En Su corazón para siempre

Para mostrar en los siglos venideros las abundantes riquezas de su gracia en su bondad para con nosotros en Cristo Jesús.

EFESIOS 2:7

¿Qué sentido tiene todo? ¿Cuál es el *télos*, el propósito, la razón principal y el objetivo de nuestras pequeñas y ordinarias vidas?

Estamos en lo correcto, tanto bíblica como históricamente, si respondemos: «glorificar a Dios».

Después de todo, ¿qué más hay? Somos obras de arte, diseñadas para ser hermosas y así llamar la atención sobre nuestro artista. Simplemente no fuimos hechos para nada más. Cuando vivimos para glorificar a Dios, adoptamos la única forma de vida verdaderamente humana. Funcionamos correctamente, como un automóvil que funciona con gasolina en lugar de jugo de naranja. Además, ¿existe otro tipo de vida más agradable que este? Qué agotadora es nuestra miseria. Cuán energizantes son las alegrías de vivir para otro.

Pero si el objetivo final de nuestras vidas es glorificar a Dios, ¿cómo llegamos ahí? Dicho de otra manera, si podemos definir el «porqué» de nuestras vidas, ¿podemos también definir el «cómo»?

¿De qué maneras glorificamos a Dios? Y pensando en la eternidad, ¿cómo será Dios glorificado para siempre?

Una forma en que glorificamos a Dios es mediante nuestra obediencia, nuestra negativa a creer que sabemos más que Él y, en cambio, confiar en que Su camino nos conduce a la vida. La Biblia nos llama a vivir de una manera «buena» entre los no creyentes «para que [...] glorifiquen a Dios en el día de la visitación, al considerar vuestras buenas obras» (1 Ped. 2:12).

En este capítulo final de nuestro estudio sobre el corazón de Cristo, me gustaría considerar otra forma de glorificar a Dios. Jonathan Edwards será nuestro guía.

———

Jonathan Edwards, en uno de sus últimos sermones, declaró: «La creación del mundo parece haber sido hecha especialmente para este fin...», ¿cómo terminarías esta oración? Así lo hizo Edwards:

> La creación del mundo parece haber sido hecha especialmente para este fin, para que el Hijo eterno de Dios pueda obtener una esposa con quien pueda ejercer plenamente la benevolencia infinita de Su naturaleza, y a quien pueda, por así decirlo, abrirse y derramar toda esa inmensa fuente de amor y gracia que había en Su corazón, y para que de esta manera Dios sea glorificado.[1]

Si estás familiarizado con Edwards, es probable que sepas que el enfoque de su ministerio y escritura fue la gloria de Dios. Fue un

---

1 Jonathan Edwards, «The Church's Marriage to Her Sons, and to Her God», en *The Works of Jonathan Edwards*, vol. 25, *Sermons and Discourses*, 1743-1758, ed. Wilson H. Kimnach (New Haven, CT: Yale University Press, 2006), 187. Edwards menciona algo muy similar en *Notes on Scripture* después de citar Isaías 62:5, *The Works of Jonathan Edwards*, vol. 15, *Notes on Scripture*, ed. Steven J. Stein (New Haven, CT: Yale University Press, 1998), 187.

pensador completamente centrado en Dios. Escribió un tratado llamado *El fin para el cual Dios creó el mundo* en el que argumentó este único punto, que el mundo existe para la gloria de Dios.

Pero a veces somos poco conscientes de *cómo* sucede esto. La cita anterior es una declaración representativa. Dios hizo el mundo para que el corazón de Su Hijo tuviera un medio de expresión. Hoy no usamos mucho la palabra «benevolencia»; significa una disposición de ser amable y bueno, un resorte de compasión listo para saltar. Imagina un río reprimido, lleno de agua, listo para estallar: esa es la bondad en el corazón de Cristo. Es infinitamente benevolente, y la historia humana es Su oportunidad de «derramar toda esa inmensa fuente de amor y gracia». La creación del mundo y la ruinosa caída en el pecado que requiere de una obra redentora abrieron la represa del corazón de Cristo. Y la inundación provocada por el amor de Cristo hace que la gloria de Dios crezca aún más y sea más brillante que nunca.

Esta unión marital entre Cristo y Su novia se inicia, en una medida relativamente pequeña en lo que respecta a nuestra experiencia, en esta vida. Pero la unión final de Cristo con Su esposa tiene lugar al final de la Biblia, cuando el cielo desciende a la tierra, dispuesto «como una esposa ataviada para su marido» (Apoc. 21:2). En la eternidad disfrutaremos de la gloria de Dios, pero preguntamos (de nuevo): ¿cómo? La respuesta es: la gloria de Cristo se ve y se disfruta principalmente en Su amor hacia los pecadores.

El infatigable y famoso misionero a los nativos americanos, David Brainerd, murió en la casa de Edwards en el oeste de Massachusetts en octubre de 1747. Jonathan Edwards predicó durante el servicio fúnebre. Al reflexionar sobre ver a Cristo en la próxima vida, Edwards dijo: «La naturaleza de la gloria de Cristo que verán será tal que los atraerá y los alentará, porque no solo verán majestad y grandeza infinitas, sino gracia infinita, dulzura y bondad dignas de Su majestad». El resultado será que «ver la gran majestad de Cristo no será un terror para ellos, sino que solo servirá para aumentar su placer y asombro». De manera más específica:

> Las almas de los santos que parten al cielo verán a Cristo, quien les manifestará esas riquezas infinitas de amor hacia ellos que han estado allí desde la eternidad [...]. Comerán y beberán abundantemente, y nadarán en un océano de amor, y serán eternamente bañados por los brillantes, suaves y dulces rayos del amor divino.[2]

La creación del mundo se realizó para dar rienda suelta al corazón lleno de gracia de Cristo. Y la alegría del cielo es que disfrutaremos de ese corazón sin restricciones para siempre.

———

¿Pero esto es bíblico?

Anteriormente consideramos la frase «rico en misericordia» de Efesios 2:4. ¿Alguna vez te detuviste a considerar que lo que dice Pablo, al final de esa larga oración (v. 7), es la razón suprema de nuestra salvación? Después de describir nuestra difícil situación si quedáramos librados a nuestros propios recursos, Pablo dice:

> Pero Dios, que es rico en misericordia, por su gran amor con que nos amó, aun estando nosotros muertos en pecados, nos dio vida juntamente con Cristo (por gracia sois salvos), y juntamente con él nos resucitó, y asimismo nos hizo sentar en los lugares celestiales con Cristo Jesús, para mostrar en los siglos venideros las

---

2 Jonathan Edwards, «True Saints, When Absent From the Body, Are Present With the Lord», en *Works*, 25:233.

abundantes riquezas de su gracia en su bondad para con nosotros en Cristo Jesús.

El objetivo de la vida eterna en los cielos nuevos y la tierra nueva es que Dios muestre «las abundantes riquezas de su gracia en su bondad para con nosotros en Cristo Jesús».

Aquí estamos. Somos personas comunes que avanzan por la vida pecando y sufriendo, deambulando y retrocediendo, arrepintiéndonos y desesperándonos, alejándonos continuamente del sentido pleno de lo que disfrutaremos por siempre si estamos en Cristo.

¿Efesios 2:7 realmente se relaciona con nuestra vida actual? ¿O es solo para que los teólogos escriban?

A medida que cerramos nuestro estudio sobre el corazón de Cristo, me gustaría enfocarme en Efesios 2:7 y considerar con exactitud a qué nos conduce este breve texto, que simplemente refleja las enseñanzas de las Escrituras de manera más amplia sobre cuál es nuestro futuro.

«Para mostrar en los siglos venideros las abundantes riquezas de su gracia en su bondad para con nosotros en Cristo Jesús». ¿Qué significa esto para los que están en Cristo? Significa que un día Dios nos llevará a través del armario hacia Narnia, y nos pararemos allí, llenos de alegría, asombro y alivio.

Significa que, mientras estemos allí, no seremos castigados por los pecados de esta vida, nunca se nos mirará con recelo ni se nos dirá: «Disfruta esto, pero recuerda que no lo mereces». El objetivo mismo del cielo y la eternidad es disfrutar de Su «gracia en su bondad». Y si el objetivo del cielo es mostrar las riquezas inconmensurables de Su gracia en la bondad, entonces estamos a salvo, porque lo único que tememos que nos mantiene fuera, nuestro pecado, solo puede aumentar las muestras de la gracia y la bondad de Dios.

Significa que nuestras caídas en esta vida no son un obstáculo para disfrutar del cielo, sino que son el ingrediente clave para disfrutar del cielo. Cualquier desorden que hayamos creado en nuestra vida es parte de Su gloria y nuestro resplandor final. En nuestra ruina es donde Dios, en Cristo, se vuelve más real que nunca en esta vida y más maravilloso para nosotros en la próxima. (Y aquellos que creemos estar limpios, llegaremos allí un día y nos percataremos de cuán profundamente hemos pecado; veremos toda nuestra falsa justicia, nuestro orgullo y todo tipo de rebeliones que estaban arraigadas profundamente en nosotros; también nos percataremos de que todo esto provocaba que Dios derramara la gracia en Su bondad y nos asombraremos de lo grandioso que es Su corazón para nosotros).

Si la gracia en Su bondad es «abundante», entonces nuestros fracasos nunca podrán superarla. En los momentos de mayor desesperanza, el corazón de Dios se muestra con mayor claridad. Nuestros lapsos de fracasos y arrepentimiento son donde Su corazón se percibe con mayor intensidad.

Si la gracia en Su bondad es «abundantes *riquezas*», en oposición a una gracia escasa y pobre, entonces nuestros pecados nunca pueden agotar Su corazón. Por el contrario, cuanto más debilidad y fracaso, más se manifiesta Su corazón.

Efesios 2:7 no solo dice «las abundantes riquezas de su gracia», sino «las abundantes riquezas de su gracia en su *bondad*». La palabra griega para «bondad» expresa un deseo de hacer lo que esté a tu alcance para evitar la incomodidad de otra persona. Es la misma palabra usada en Mateo 11:30 donde Jesús dice «mi yugo es *fácil*». Su yugo es bondadoso. Sobre esta palabra en Efesios 2:7, Goodwin comenta: «La palabra aquí implica toda dulzura, toda franqueza, toda amabilidad, toda benevolencia y con todo Su corazón».[3]

La gracia en Su bondad es «para con nosotros». Esta frase también puede traducirse «sobre nosotros». Esto es personal, No abstracto. Su corazón, Sus pensamientos, ahora y en la eternidad, están *inclinados a nosotros*. Su gracia no es una pequeña grieta por la que debemos descubrir cómo entrar. Él nos envía Su gracia, personal, individual, y eternamente. De hecho, se envía a sí mismo; no existe tal «cosa» como la gracia (como lo enseña la doctrina católica romana). Él no envía gracia en abstracto, sino en el mismo Cristo. Es por esta razón que Pablo agrega inmediatamente «en Cristo Jesús».

Hablando de «en Cristo Jesús», ¿te das cuenta de lo que esto implica para ti si estás en Cristo? A los que están unidos a Él se les promete que la maldad que infecta todo (cada relación, cada conversación, cada familia, cada correo electrónico, cada despertar por la mañana, cada trabajo, cada vacación, todo), algún día se revertirá. Mientras más oscuridad y dolor experimentemos en esta vida, más resplandor y alivio disfrutaremos en la próxima. Como dice un personaje en *El gran divorcio,* de C. S. Lewis, que refleja la enseñanza bíblica: «Eso es lo que los mortales malinterpretan. Sobre un sufrimiento temporal dicen: "Ninguna felicidad futura puede compensarlo", sin saber que el cielo, una vez alcanzado, lo revertirá todo, y convertirá incluso esa agonía en gloria».[4] Si estás en Cristo, eres eternamente invencible. Este pasaje habla de que Dios da vida a los muertos, no de que ayuda a los heridos. ¿Cómo nos da vida? «Nos infunde aliento de vida con Su amor»,

---

3 Thomas Goodwin, *The Works of Thomas Goodwin*, 12 vols. (reimp., Grand Rapids, MI: Reformation Heritage, 2006), 2:277.

4 C. S. Lewis, *The Great Divorce*, (Nueva York: HarperCollins, 2001), 69.

según John Owen.[5] Su poder de resurrección que fluye hacia los cadáveres es el amor mismo.

Efesios 2:7 enseña que tu muerte no es un fin, sino un comienzo. No una pared, sino una puerta. No es una salida, sino una entrada.

El objetivo de toda la historia humana y de la eternidad es mostrar lo que no se puede mostrar por completo. Es demostrar lo que no se puede demostrar adecuadamente. En la era venidera ahondaremos cada vez más en la gracia de Dios en Su bondad y en Su corazón; y cuanto más la comprendamos, más veremos que está más allá de nuestra comprensión. Es abundante, rica e inconmensurable.

Para aquellos que no están en Cristo, esta vida es la mejor que tendrán. Para aquellos en Cristo, para quienes Efesios 2:7 es un anticipo de lo que vendrá, esta vida es la peor que vivirán.

En esa mañana de resurrección, cuando el Sol de Justicia aparezca en los cielos, brillando en todo Su esplendor y gloria, saldrá como un novio; vendrá en la gloria de Su Padre, con todos Sus santos ángeles.

Será una reunión alegre entre el glorioso novio y la novia. Entonces el novio aparecerá en toda Su gloria, sin ningún velo: y los santos brillarán como el sol en el reino de su Padre, y a la diestra de su Redentor.

Entonces llegará el momento en que Cristo invitará dulcemente a Su novia a entrar con Él al glorioso palacio que había estado preparando para ella desde la fundación del mundo, y la tomará de la mano y la guiará; y el glorioso Novio y la novia, con todos sus brillantes adornos, ascenderán juntos al cielo de los cielos; toda la multitud de ángeles gloriosos los estarán esperando; y el Hijo

---

5   John Owen, *On Communion with God*, en *The Works of John Owen*, ed. W. H. Goold (reimp., Edimburgo: Banner of Truth, 1965), 2:63.

y la hija de Dios, unidos en gozo y gloria, se presentarán juntos ante el Padre y Cristo dirá: «Aquí estoy, y los hijos que me has dado». Y ambos en esa relación y unión, recibirán la bendición del Padre; y de allí en adelante se regocijarán juntos, en la gloria consumada, ininterrumpida, inmutable y eterna, en el amor y los abrazos mutuos, y en el deleite conjunto del amor del Padre.[6]

---

6 Jonathan Edwards, «The Church's Marriage to Her Sons, and to Her God», en *The Works of Jonathan Edwards*, vol. 25, *Sermons and Discourses*, 1743-1758, ed. Wilson H. Kimnach (New Haven, CT: Yale University Press, 2006), 183-84.

Epílogo

¿AHORA QUÉ?

Este es un libro sobre el corazón de Cristo y de Dios. ¿Pero qué vamos a hacer con esta información?

La respuesta principal es, nada. Preguntar. «¿cómo aplico esto a mi vida?» sería una trivialización del propósito de este estudio. Si un esquimal gana unas vacaciones en un lugar soleado, no llega a la habitación del hotel, sale al balcón y se pregunta cómo aplicar eso a su vida. Solo lo disfruta.

Pero hay una cosa que debemos hacer. Jesús lo dice en Mateo 11:28: «Venid a mí».

¿Por qué no hacemos esto? Goodwin nos responde. Este es el punto central de nuestro estudio sobre Jesús:

Lo que mantiene alejados a los hombres es que no conocen la mente y el corazón de Cristo [...]. La verdad es que está más contento por nosotros de lo que podemos estar por Él. El padre del hijo pródigo fue quien tomó la iniciativa de su alegre reunión. El que bajó del cielo, como Él mismo dice en el texto, para morir por ti, te encontrará a más de la mitad del camino, así como lo hizo el padre del hijo pródigo [...]. Oh, pues, ven a Él. Si conocieras Su corazón, lo harías.[1]

Acude a Él. Ábrete a Él. Permite que te ame. La vida cristiana se reduce a dos pasos:

1. Ve a Jesús.
2. Regresa al paso 1.

Lo que sea que se desmorone en tu vida, donde sea que te sientas atrapado, esto permanece, inquebrantable: Su corazón por ti, por tu «yo» verdadero, es manso y humilde. Entonces acude a Él. En ese lugar en tu vida donde te sientes más derrotado, Él está allí, vive allí, y Su corazón por ti (que no espera del otro lado, sino en medio de esa oscuridad), es manso y humilde.

Tu angustia es Su hogar. Acude a Él.

«Si conocieras Su corazón, lo harías».[2]

---

1   Thomas Goodwin, *Encouragements to Faith*, en *The Works of Thomas Goodwin*, 12 vols. (reimp., Grand Rapids, MI: Reformation Heritage, 2006), 4:223-24.
2   Goodwin, *Works of Thomas Goodwin*, 4:223.

Agradecimientos

Este libro no existiría sin las siguientes personas.

Mi esposa Stacey. Solo tú sabes. Tu adorno es «el interno, el del corazón, en el incorruptible ornato de un espíritu afable y apacible» (1 Ped. 3:4).

Mis hermanos, Eric y Gavin, aunque especialmente conscientes de mis pecados y luchas, me aman de todos modos. «Aarón y Hur sostenían sus manos, el uno de un lado y el otro de otro» (Ex. 17:12).

Mi papá, Ray, cuya vida y predicación me han convencido del corazón de Jesús. «Oye a tu padre, a aquel que te engendró» (Prov. 23:22).

Drew Hunter, junto con quien he estado leyendo a Goodwin durante la última década, intercambiando mensajes de texto con descubrimientos sobre el corazón de Cristo y asombrándonos juntos. «A ninguno tengo del mismo ánimo» (Fil. 2:20).

Mike Reeves, quien me presentó a Thomas Goodwin, cuyo ministerio refleja el corazón de Goodwin, y quien nos aporta hoy las riquezas de la historia de la Iglesia. «Por eso todo escriba docto en el reino de los cielos es semejante a un padre de familia, que saca de su tesoro cosas nuevas y cosas viejas» (Mat. 13:52).

Art Wittmann, 35 años más lejos que yo en el camino de la vida, que a través de la oración y el amor me está ayudando a encontrar mi camino. «La dulzura de la amistad fortalece el ánimo» (Prov. 27:9, NVI).

Lane Dennis, mi jefe, quien me proporcionó tiempo para pensar y escribir, y que vive y dirige Crossway convencido de la existencia de Dios. Te «está guardada la corona de justicia» (2 Tim. 4:8).

Los colegas de Crossway, Justin Taylor, Dave DeWit, Lydia Brownback y Don Jones, quienes impulsaron la creación del libro y supervisaron su edición y producción. «Confortaron mi espíritu» (1 Cor. 16:18).

El Señor Jesús, el Hombre de gran corazón. ¿Quién podría haber imaginado que tú, el más exaltado, eres el más tierno? Meditar en la mansedumbre de tu corazón me redujo a lágrimas más de una vez mientras escribía. Lágrimas de asombro y de alivio. «¿Quién es este?» (Luc. 8:25).